●江苏省教育厅"青蓝工程"人才项目

●江苏大学人文社科出版基金

●教育部人文社科基金一般项目（编号：10YJA790016）

●国家统计局统计科研重点项目（编号：2011LZ002）

离农与分化

城镇化进程中兼业农户行为研究
以长三角地区为例

陈浩 著

上海三联书店

内 容 摘 要

本书以新时期我国实施新型城镇化与农村"四化"协调发展战略为研究背景,以适应城镇化要求下推动兼业农户有效离农和分化发展为研究目标,基于人力资本视角,运用了家庭劳动决策理论、人力资本理论以及社会分化理论等相关理论,系统考察了城镇化背景下农户从兼业演变到最终离农化的形成直至离农后的市民化转型分化等一系列重要非农化行为演化规律及其内在决策机制,进一步探讨影响不同阶段兼业农户行为变迁的相关因素,揭示出"人力资本是支撑农户非农化行为持续正向演化的内在动力"这一核心思想;运用长三角地区的农户实地调研数据分别进行多方面的实证研究,揭示出当前城镇化发展对兼业农户行为演变的显著影响因素与关键决定因素,重点考察了由城镇化农地征用行为所形成的"外力推动型"与由农户人力资本"内力驱动型"等差异化离农模式对兼业农户的非农就业与城镇市民化转型发展能力的分化影响效应,最后探讨了促进新时期兼业农户彻底离农转移与深度市民化转型的长效机制与公共政策。

目录 *Contents*

第 1 章

导　论

1.1　研究背景与意义

农户是推动农村经济与社会发展的核心微观主体,特定时期农户经济行为的特征及其演变规律构成了揭示区域"三农"发展模式与结构变迁的重要方面。改革开放以来,伴随着中国实施由家庭联产责任制为核心的农村经济体制改革,农户经济行为发生了重大转型变迁,突出表现为以农户家庭内部劳动资源再分工与家庭成员非农就业拓展为主线的农户非农化发展演变,大量农村劳动力成功实现了由农业向非农就业转变,从而推动了农户家庭收入与经济结构由单纯农业结构向农业—非农组合的兼业结构演化,由此催生了大量兼业农户的形成。且伴随我国不同地区经济增长特别是农村非农经济发展水平的差异,区域间的兼业农户类型及其结构比例也呈现持续演变态势。

据全国第一次农业普查资料显示,1996 年末,全国农村住户为21382.75 万户,其中农业户为 19308.82 万户,占 90.30%;非农业户为 2073.93 万户,占 9.70%。而农业户中,纯农业户有 12671.88 万户,占农业户的比例为 65.63%;农业兼业户有 3901.16 万户,占20.20%;非农兼业户有 2735.77 万户,占 14.17%。其中经济发达的长三角等东部地区的非农业户和非农兼业户比重明显高于中西部地区。而根据第二次农业普查数据结果,到了 2006 年末,全国共有农业生产经营户 20015.9 万户,比 1996 年第一次全国农业普查时的

19308.82 万户增长 3.7％;在农业生产经营户中,以农业收入为主的户数占 58.4％,比 10 年前减少 7.2％;住户中农业从业人员为34246.4 万人,比 10 年前下降了 19.4％,全国纯农户占全部农村常住户数量的 75.3％,农业兼业户占 4.3％,非农业兼业户占 9.5％,非农业生产经营户占 3.7％,非经营户占 7.2％。我国四类主要地区中,西部地区农户中纯农户所占比例高于东、中和东北地区,为84.0％;东部地区农户中纯农户所占比例最低,为 67.7％;中部地区农户的兼业化程度最高,农户中农业兼业户所占比例为 5.9％;东部地区占比最低,为 3.2％。中部地区非农业兼业户的比例最高,为11.7％;东北地区非农业兼业户的比例最低,为 4.4％;东部地区非农业生产经营户所占比例最高,为 5.4％;西部地区最低,为 2.3％。

兼业作为一种不完全非农就业转移的行为,是没有伴随人口地域变动的职业转换,是农民低度分化的体现(陆学艺,2002)。虽然从世界范围看,农户兼业是个长期社会历史现象,即便当今经济发达的欧美和日本等国家,兼业行为也较为普遍,兼业农户比例也较高,但基于中国国情考虑,由于我国存在长期的城乡二元分割体制,导致大量农村剩余劳动力以兼业形态滞留在农业领域,造成城乡之间以及农业和非农产业之间发展巨大差距,因此,推动城乡一体化和现代化发展的关键在于促进兼业农户分化与非农化转型。

当前,新型城镇化作为我国新时期推动区域经济社会发展的重要方略,其核心内涵是实现人的城镇化,城镇化构成了推动新一轮经济结构与城乡结构的双重深度转型的强大动力,而在此背景下,加快推进农村发展转型与农村人口非农分化成为实施新型城镇化战略的重要环节,但很显然,从宏观角度看,大量兼业农户的长期存在及其滞留行为,将无法从根本上实现农民非农转化,只有符合条件的非农兼业农民实现彻底离农进而向城镇市民转变,工业化、城市化才得以深度推进,农业现代经营才得以进行,反之,则可能构成阻滞因素。因此,促进农户积极有效分化分流,推动具备完全非农化转移条件与意愿的兼业农户通过农地流转与迁居城镇途径实现彻底离农化,并最终实现在城镇就业和市民化转型,对于有效推进新型城镇化战略具有十分重要的意义。

但基于农户理论观点,农户家庭是个微型经济组织系统,兼业是农户家庭在现有约束条件下追求收益极大化和风险极小化下的综合劳动决策行为(Stark,1989),而兼业农户行为演变本质上也是由农户内部因素与外部环境因素共同推动的,因此,有必要从兼业农户的实际出发,通过把握城镇化制度变迁环境下兼业农户决策行为的演变规律及其背后的深层动因,进而探寻一套长效的促进兼农主动彻底离农化与深度分化的战略思路和实施路径,这对相关部门来说也具有极其重要的现实迫切性。

自从 1960 年美国经济学家舒尔茨首先提出人力资本理论以来,社会经济发展中人的经济价值不断得到重视。人力资本既构成了区域宏观经济增长的内在动力,同时也是市场主体微观经济行为能力形成和决策的重要基础,构成了推动支持个体内生型发展与实现规模报酬递增的源泉。就业作为人的重要经济行为,就业发展与劳动者人力资本水平密不可分,就业差异对个体的经济和社会地位分化的形成具有重要影响。兼业农户行为既体现为农户家庭作为一个整体组织的经济决策,同时也受到内部成员不同人力资本能力与就业结构特性的显著影响,而人力资本因素可能构成了影响兼业农户行为演化及其离农分化的重要内生要素,这值得理论界进一步深入探索和研究,具有重要的学术价值。

因此,本书以新时期我国实施新型城镇化发展战略为研究背景,以适应城镇化要求下推动兼业农户有效离农和分化发展为研究目标,基于人力资本视角,力图运用家庭劳动决策理论、人力资本理论以及非农就业理论等相关理论,系统考察城镇化背景下农户从兼业演变→最终离农化的形成→离农后的市民化转型分化等一系列重要行为演化规律及其内在决策机制,进一步探讨影响不同阶段兼业农户行为变迁的相关因素,进而运用长三角地区的农户实地调研数据进行实证研究,以揭示当前城镇化发展对兼业农户行为演变的显著影响因素与关键决定因素，重点研究由城镇化农地征用行为所形成的"外力推动型"与由农户人力资本"内在能力驱动型"等不同离农化模式对兼业农户的经济行为演化与城镇市民化转型发展能力的分化影响效应，进而探讨促进新时期兼业农户彻底离农转移与深度市民化转型的长效机制与公共政策，具有重要的理论价值与现实意义。

1.2 相关研究评述

兼业作为特定背景下农民的一类特殊就业发展形态，其形成发展过程具有某种历史性和普遍性，当今世界，无论是发达国家（如日本、德国、英国等），还是众多发展中国家（如印度、巴西、中国等），都持续存在着农户/农民兼业现象，因此国际学者对于兼业主题研究具有一定的超国界与持续性特征，形成了一批重要的兼业研究跨国学术成果。

但另一方面，值得注意的是，我国农民与农户兼业问题的形成与演变是伴随改革开放以来我国农村经济结构转型发展进程的。自 20 世纪 80 年代中后期以来，伴随着农村家庭联产承包制的施行与以乡镇企业为代表的农村非农产业蓬勃发展，由部分农民开始获得非农就业机会而实现从纯农领域向非农领域"离土不离乡式"不完全转移，使得我国农户兼业问题开始浮现；伴随农村工业化、城镇化进一步深化，农民非农就业发展的规模范围和层次结构不断深化，"离土又离乡"、"离乡不离土"、"返乡就业创业"等等农民多种就业模式与形态的扩张，使得农户兼业行为决策与结构类型也更趋于复杂化与多元化，农户兼业问题已上升为我国"三农"领域研究的重要热点议题；而步入 20 世纪 90 年代中后期以来，随着城市户籍、就业、住房以及社保等相关领域体制改革的启动与深化，城乡人口流动的制度坚冰逐步消融，促进兼业农民主动流转农地权与迁居城镇等彻底离农化的环境条件日趋成熟，这无疑构成对兼业农民决策行为的重要影响，而当前由城镇化农地征用行为则构成了对兼业农民就业分化与彻底离农化的强大外部推力……所有这些都赋予了我国农民与农户兼业主题的丰富研究内容,对此,国内从经济学、管理学到社会学等多个学科大量学者进行了富有价值的研究探讨。

鉴于国内外学术界形成的研究文献十分丰富,基于本书研究目的,仅侧重围绕我国农户兼业发展与就业分化问题作一粗线条的综述回顾与梳理分析,大致分为五个层面:

(1)兼业属性与分类

Hannah Chaplin(2004)认为,农户兼业是指农户通过从事比较利益较高的非农产业活动以获取更高收益,将原先投入农业生产经营的要素转移到当地工业或服务业等非农部门的行为。根据农户兼业程度不同,速水佑次郎等(1986,2003)将农户分成三类:纯农户;一兼农和二兼农。国家统计局农村固定观察点办公室(1997)则按照农户家庭收入来源划分,将农户的兼业类型分成五类。发达国家中,日本农村的兼业化程度是最高的。速水佑次郎(1986,2003)认为,导致日本农户普遍兼业的原因是:农外兼业机会的急剧增加、减轻劳动强度技术的开发以及人均寿命的延长等。同时他还指出,普遍的"兼业化滞留"导致大规模农户集中土地困难,严重阻碍了经营规模的扩大和农业结构的改革,并导致农业劳动生产率难以快速提高。关于兼业问题的研究也逐渐增多,总体看来,学者的研究对象大多立足于农户(农场),研究方法也以实证、计量分析为主。Gasson(1988)的研究表明,在英格兰和威尔士有85%的农户涉足了非农活动,农户参与非农活动的最主要动机在于提高家庭收入(Ilbery,1991;Bowler,1996)。

对于我国农户兼业性质与演变趋势,国内学术界曾经于20世纪80年代末和90年代初开展了一场大辩论,当时大致存在三类观点:一些学者认为,农户兼业"是一种可以左右或暂时的社会经济现象,并非历史发展的必然趋势",因而兼业化有违经济发展规律,不利于农业生产专业化,兼业农民必将被专业农户所取代(陆一香,1988;熊建勇,1989;陈言新等,1989);而另一些学者如冯海发(1989)等则指出,"农户兼业化的产生、存在和发展存在一定的历史必然性",无论是从发达国家还是从发展中国家经验看,农户兼业是一种发展趋势,中国必然也要走农户兼业化道路;第三种观点则认为,农户兼业只是一种特定时期的过渡模式,而非目标模式,伴随农村经济发展与禀赋条件变化,小规模农户兼业将最终被规模较大的农户兼业所替代(韩俊,1988)。本书赞同第三种观点,将农户兼业视为特定内外部条件共同决定下的农户内部围绕农业与非农领域的劳动资源分工与配置过程,其根本出发点在于追求农户家庭收益最大化与风险最小化目标,而伴随着多种因素条件的变迁,农户兼业将存在着从程度到结构的演化,而兼业非农化高度发展是构成农户最终主动离农化决策的重要前提和基础。

(2) 农户兼业行为动因

目前学术界围绕农户兼业行为动因的相关研究大致存在两条主线:一条主线偏向宏观范式研究,主要以发展经济学领域为代表,将兼业视为发展中国家城乡二元结构下农村剩余劳动力不完全流动的特定形态,从刘易斯—拉—费的二元结构理论到托拉罗模型等经典劳动力流动模型系统阐述了影响农村劳动力非农就业转移的多层面宏观和微观因素。速水佑次郎(1986,2003)认为,导致日本农户普遍兼业的原因是:农外兼业机会的急剧增加、减轻劳动强度技术的开发以及人均寿命的延长等。同时他还指出,普遍的"兼业化滞留"导致大规模农户集中土地困难,严重阻碍了经营规模的扩大和农业结构的改革,并导致农业劳动生产率难以快速提高;Gasson(1988)的研究表明,在英格兰和威尔士有85%的农户涉足了非农活动,农户参与非农活动的最主要动机在于提高家庭收入(Ilbery,1991;Bowler,1996)。Kilic等(2009)则运用推—拉理论基于更宽泛视角的将农业和非农领域两层面因素糅合成一个完整系统,构筑了兼业行为综合动因假设。

众多国内学者也从农村劳动力流动角度对兼业行为进行了研究,都阳(2003)认为贫困地区农户兼业流动在于较高的非农就业机

会与非农收入的吸引,高强(1999)、梅建明(2003)则分别从区域经济
发展水平、非农化程度、农业资源状况以及农户劳动力禀赋条件等方
面探讨了农户兼业行为的形成机制,而杜鹰(1997)、蔡昉(2003)等则
从户籍制度、劳动力市场分割以及社会保障等多层面探讨了导致农
村劳动力不完全流动的障碍。

　　另一条主线则更侧重将兼业定位为特定条件下农户家庭的劳动
供给决策行为,从恰亚诺夫的农户经济学到 J. Becker 的家庭生产理
论奠定了从微观层面研究农户劳动供给的范式基础,而 De. Janvry &
Sadoulet(2006)则进一步揭示家庭内部成员的异质性可能导致不同
农户在非农劳动供给模式和决策行为的差异。近年来国内学者也日
益重视对兼业问题的微观研究。贺振华(2006)从成本效益角度认为
兼业是农户的理性化经济行为,向国成、韩绍风(2005)运用超边际分
析方法,认为兼业是农户家庭成员个人的专业化与家庭整体多样化
的结合。此外,还有一些学者通过构建计量模型,对影响农户兼业行
为的因素进行了实证研究,发现除了一些外部因素之外,农户非农就
业决策还与其性别、年龄、健康、教育程度以及培训等内部人力资本
因素存在紧密关系(赵耀辉,1997;魏众,2004;姚先国,2006;等);句
芳(2008)则从兼业时间角度分析了影响农民兼业程度的若干因素。

　　值得注意的是,当前兼业研究重心有进一步向农户内部聚焦的
倾向,更关注内部成员的微观劳动配置机制及其个体差异对农户家
庭兼业行为的动态影响。如钱忠好(2010)、汪伟(2010)分别从理论
与实证层面考察了农户夫妻双方的劳动分工程度对农户就业形态影
响,林善浪、王建(2010)分析了家庭生命周期特征在农户非农就业演
变中的作用,陆文聪、吴连翠(2011)则研究了兼业农户的性别差异对
非农就业的影响。

　　此外,无论是宏观范式还是微观范式研究,人力资本对农户兼业
与离农决策的重要影响效应都得到了广泛关注。例如,De. Brawn
(2008)从农户非农就业流动角度,提出人力资本状况是影响家庭成
员流动程度与模式选择的关键因素,而张林秀(2000)研究也发现,人

力资本构成了农户家庭劳动分工与供给决策的重要基础,此外,一些学者(朱玲,2002;梁义,2010)还进一步从结构维度,揭示了农民个体健康、教育程度以及技能等不同人力资本能力类型与农户非农兼业与迁移行为存在紧密关系。

(3)兼业对农户微观经济行为的影响

魏众(2000)利用 Logistic 模型分析表明,农户在乡镇企业的非农就业对其收入增长效果明显,而在小块土地上继续从事农业生产的农户则由于边际劳动生产率低下,贫困发生率较高。张车伟等(2004)认为,不同地区农户的收入水平与其拥有的要素禀赋和非农部门发展情况密切相关。钟甫宁(2004)也认为,随着恩格尔系数的下降,初级产品生产者在国民收入分配体系中的份额将加速减少,通过发展劳动密集型加工业或其他非农就业机会,有助于增加农民收入。朱农(2005)利用农村家庭户的调查数据,研究了农村非农产业对农村地区收入不平等和贫困的影响,结果表明,非农业生产活动一定程度上缓解了农村地区的收入不平等,并显著降低了农村的贫困化程度。王春超(2007)的研究发现,农户在进行就业决策时,最关注的因素是收入状况和对收入波动及其风险的判断;史清华、黄祖辉(2001)研究发现,依据"经济理性化准则",农户家庭会优先选择效率高的业别来配置家庭资源,而家庭资源的非农化投向构成了农户经济增长的重要保障。李庆(2013)则认为,农民兼业化对农户家庭的农业资金投入、农机使用规模以及农业劳动力投入等农业生产要素投入也构成不同程度的影响。

(4)兼业对农村城镇化与农地流转的影响

一些学者从产业、空间转移上来剖析兼业的宏观影响。王嗣均(1996)、Yu Zhu(1999)等认为,农户兼业推动的城市化有两个显著特点:一是乡镇工业化成为乡村城市化的主要动力,二是地方社区主动性和农民群体资金起了主要作用;Zhao 等(1995)认为,农户兼业事实上将工业部门与农村劳动力、农村土地等资源完全融合在一起,一方面造成企业选址上的分散性,同时导致工业与农业之间在经济上、空间上，甚至情感上的相互渗透，以至于乡镇工业很难摆脱其浓重的农民属性。也有一些学者研究了兼业对农村土地流转的影响效应。廖洪乐(2012)则运用 Logit 模型和多元线性回归模型分析认为，农户兼业程度与农村农地转出比重将呈现 U 型曲线关系。而王兆林等(2013)基于重庆市 1096 户农户调查数据研究表明，农民兼业类型差异构成了农户选择不同农地流转方式的重要因素。张忠明(2014)基于农业部农户观察点数据研究认为，不同兼业程度农户对土地流转意愿存在差异性影响，其中纯农户和二兼农户的土地流出意愿较强。

　　(5) 兼业农民的离农化与就业分化研究

　　社会学是较早关注农民就业分化主题的学科领域。从韦伯的"三位一体"社会分层理论到布劳(P. M. Plau)、邓肯(Ducom)职业结构—社会地位结构模型，构筑了职业分化是社会阶层分化前提和基础的理论体系，开启了对社会群体行为的结构分析范式。在此基础上，国内学者费孝通、陆学艺、李培林等对改革开放以来我国农民职业分化与农村社会阶层演变进行了很有价值的研究。但总体而言，社会学侧重研究就业分化对特定社会层面的影响，而对经济层面关注不够；发展经济学依据二元经济理论，提出了刘易斯模型、拉—费模型、托拉罗模型等经典劳动力流动模型，将农民就业分化与城乡非农就业流动及二元结构演化契合起来，极大地拓展了就业分化的研究视角和领域。

　　近年来国内也涌现了大量研究农民非农就业的相关文献，但现有研究偏重于关注农民由农业向非农就业的一次就业分化，而对特定兼业农民群体的二次就业分化发展的关注不够。由于城镇化征地背景下形成的兼业农民离农化与就业分化问题具有典型的中国国情特征，因此，国外学者研究的相关文献并不多，更多地是国内学者针对被征地农民的发展演变及其分化研究，大致可梳理成以下几方面：

　　——被征地农民的权益变化与福利水平。侧重研究农地非农化过程中农民的权益状况与福利水平演变问题。周其仁(2001)、朱明芬(2003)、钱忠好(2007)、臧俊梅、王万茂(2008)等分别从非农开发模式、农地产权缺陷、征地补偿安置方式等不同视角解释了征地过程中导致被征地农民经济社会权益受损的成因及其解决对策。袁方、蔡银莺(2012)以武汉江夏区某镇为例比较分析了征地前后被征地农民的福利变化;周蕾(2012)通过对南京市的实证研究发现,城镇化对不同农民工群体就业形成了分层冲击影响;

——被征地农民的就业发展。侧重研究失地对农民的就业影响以及就业发展问题。李富田(2005)、朱冬梅(2008)认为被征地农民是社会就业弱势群体,失地将带来失业,因此要构建社会支持网给予就业扶助;谢勇(2010)、李飞(2010)分析了被征地农民的再就业行为,认为人力资本、社会资本对被征地农民的职业获得具有显著影响。李琴、孙良媛(2009)、陈浩(2013)等研究认为,教育、培训等人力资本投资有助于增强被征地农民非农就业能力,提升其家庭主动离农意愿;而张晖、温作民(2012)认为,适量的拆地补偿有助于促进被征地农民创业,等等。

——被征地农民的城市融入与市民化。侧重研究离地农民的身份转化,以融入城市进而最终实现市民化问题。童星(2006)基于社会适应视角研究了被动城市化背景下被征地农民群体的适应性与市民化融入能力差异问题;康岚(2009)认为抗风险能力和社会保障水平是影响被征地农民被征地意愿和融入障碍的重要因素;林乐芬(2009)以南京、无锡和苏州为样本区,调查分析了被征地农民市民化现状、问题和对策;吴业苗(2012)的研究则表明,公共服务滞后是导致城郊被征地农民市民化困境的主要原因。

——被征地农民就业与群体分化。侧重研究被征地农民经济与社会群体类型分化差异。张海波(2006)、冯晓平(2011)运用阶层分化理论提出了不同被征地农民群体存在风险类型与程度的差异;牟少岩(2008)基于青岛地区农户调查数据研究了影响农民职业分化的微观因素;陈会广(2010)认为农民职业分化与土地制度变迁存在紧密联系;而许恒周(2012)则认为农民分化对农户农地转移意愿具有不同的影响效应;等等。

综观上述研究,国内外学者对农民兼业行为及其离农分化问题的研究经历了从宏观到微观、从规范到实证的发展趋势,形成了大量很有价值的研究结果。但总体来说还存在以下值得进一步研究之处:

(1)研究体系上,亟待构筑围绕农民兼业行为及其演变规律的系统性研究。现有相关研究基本侧重于单一层面和特定主题的研究,比如,要么单纯研究农户兼业行为,要么仅聚焦农民离农行为及其市民化发展等问题分别进行考察,而总体缺乏一个基于城镇化背景下兼业农户家庭经济行为变迁及其内在规律的连续考察。

(2)研究主题上,相关农民兼业行为研究的深度有待拓展。现有研究大多是将农户作为整体来审视,进而侧重考察农户一般兼业问题,而基于农户家庭内部层面研究不同兼业结构及行为演变特征的并不多,导致了对农民兼业与农户兼业缺乏明确界定,甚至少数文献将其混为一谈;此外,现有文献大多缺乏对农户兼业行为演变规律的系统梳理,特别是围绕农户高度非农化兼业的形成特征、农户是否存在由高度非农兼业向最终彻底离农化的“质变”及其形成机制等领域的兼业深度研究较为匮乏,而在当前我国实施新型城镇化发展的战略背景下,促进兼业农户主动离农化与深度分化是值得关注的重要议题。

(3)研究视角上,现有文献较多偏重于对农民个体人力资本层面的研究,而较少上升到农户层面。虽然现有一些学者也围绕人力资本与农户兼业进行研究,但大多侧重于对特定农民个体(如户主)的人力资本数量水平因素进行考察,而没有深化到农户组织内部对不同家庭成员的人力资本结构层面分析,而事实上,农户家庭是个微型组织系统,兼业行为既体现为农户家庭作为一个整体组织的决策,也受到内部成员能力结构特性的影响,人力资本是构成人的经济行为能力的基础,是内生发展的源泉(舒尔茨,1962)。虽然大量研究揭示了农民个体人力资本因素对兼业行为的影响效应,但很少上升到农户人力资本层面。逻辑上,农户是由不同家庭成员构成的微观组织系统,因此农户兼业行为、离农决策及分化发展将显著受到家庭内部劳动分工和决策影响,而基于农户层面的人力资本因素构成了家庭决策的内在基础,但迄今尚未发现这方面的系统研究。

（4）研究方法上,现有研究方法大多数采用单因素模型分析,而将农户人力资本变量、兼业行为、离农决策与分化发展纳入系统理论架构中,通过分析内在关系机理从而构筑一个多变量路径系统的结构方程模型（SEM）,并运用长三角地区农户调查数据进行实证研究,可更好地揭示城镇化背景下农户从兼业行为演变到最终离农化决策以及离农后的发展分化等复杂行为变迁关系及其内在规律,而目前这方面的研究较为欠缺,本书尝试对此进行探索性研究。

1.3 研究目标与假说

1.3.1 研究目标

本书的研究目标在于,以改革开放以来我国农村非农化发展所形成大量兼业农户及其就业等经济行为的持续变迁过程为基本研究背景,以适应新时期城镇化发展战略要求促进兼业农户彻底离农化与市民化转型为主要研究主题,侧重基于人力资本视角,运用现代经济理论与方法,构筑一个城镇化发展背景下从农户兼业变迁到彻底离农决策进而最终市民化分化发展的不同阶段持续行为演化过程的理论体系框架,进一步分析其内在机制与影响效应,提出一系列相关核心研究假说,进而运用长三角地区较大规模的农户实地调研数据,对人力资本影响兼业农户系统行为演变的内生作用效应及其路径进行实证研究,以进一步检验相关理论假说的成立性,形成对农户兼业行为演变规律及离农和分化决策行为形成因素的深度把握,从而为新时期促进长三角地区非农兼业农户的合理分流、主动彻底离农化及其最终市民化发展的战略思路与公共政策提供理论决策支持。

具体研究目标包括：

（1）研究农户兼业演变与离农、分化等相关行为决策的理论关系。运用农户理论与非农就业理论等相关基础理论，探讨农户兼业发展的形成机制、模式类型、衡量体系与演变规律，分析农户非农兼业行为演变与最终离农决策及离农后的分化发展行为之间的内在关系。

（2）构筑人力资本影响兼业农户系统性行为演化的理论架构。基于农户家庭整体层面，系统研究农户人力资本因素、非农职业水平、农户兼业行为演变、离农决策以及离农后的最终分化发展之间的逻辑关系与作用机制，形成本书的基本分析框架。

（3）运用实地调研数据，分析当前长三角地区农户兼业状况与结构特征，考察兼业农户成员的人力资本状况及其非农职业水平，调查当地城镇化征地背景下兼业农户围绕农地流转与迁居城镇等不同层面的彻底离农化意愿与决策水平。

（4）在上述调研的基础上，梳理调研数据中存在的近年来已被征地的兼业农户样本，进一步跟踪其家庭成员离地后的就业变化状况与职业特征，调研其对市民化转型认知状况，从而分析不同离农农户围绕就业和市民化程度等方面的群体分化行为演变。

（5）基于上述理论和调研分析的基础上，对兼业农户不同阶段的行为演变影响因素进行实证研究。首先运用多种单变量模型方法，分别构筑农户人力资本对农户兼业行为演变、最终离农决策以及离农后进一步市民化分化发展的影响模型，并进行实证研究。

（6）进一步运用多变量模型方法，通过引入若干中介变量，构建农户人力资本、非农职业水平、兼业程度、离农决策倾向以及群体分化等不同变量之间内在关系的结构方程模型（SEM），并运用长三角调研数据进行实证检验，以深度揭示农户从兼业→离农→分化的复杂行为演化关系及影响路径。

（7）从人力资本角度，研究城镇化背景下促进兼业农户深度转型发展的战略思路与公共政策。

1.3.2　研究假说

本书力图通过理论分析与实证研究验证以下几个基本假说：

假说一：不同阶段的农民就业分化构成了改革开放以来我国农村社会经济结构演变与农民经济行为持续变迁的突出特征，而农户的兼业行为及其持续演化是农民就业分化的重要表现。由被征地农民就业分化决定的群体市民化程度分化是当前城镇化发展战略背景下城乡之间与农村内部经济社会结构深度转型重塑的内在要求。

假说二：农户不同阶段兼业行为特征是与不同家庭成员非农就业发展程度水平直接相关，而家庭成员的非农就业行为既是其个体就业行为决策，同时也体现了家庭集体劳动分工决策结果，非农兼业高度化发展是兼业农户最终离农决策以及未来成功市民化转型的必要条件。

假说三：由农户家庭成员的人力资本数量与结构双重特性构筑了对农户非农就业决策行为的双重影响效应，从而构成了推动农户兼业行为演变与最终离农决策的内生性决定因素。农户家庭总体人力资本水平越高，其非农就业度越高，兼业程度越低，其离农决策意愿也越强；而同时，农户成员间人力资本结构差异度越大，兼业程度越高，离农决策意愿也越低，反之则相反。同时，人力资本具有健康、教育、技能以及迁移等不同能力类型，在既定情形下，每种人力资本类型对农民个体能力特别是非农就业能力将存在不同边际贡献，进而将构成对农户兼业行为及其离农决策的差异化影响效应。

假说四：离农后的兼业农户存在着多维差异性就业分化特征。既涉及到征地前后农民在涉农与非农之间外部就业模式的演变，更涵盖农民所从事非农就业水平的内部结构变化，体现为围绕非农职业层次类型、非农收入水平以及职业保障程度等方面的内部分化，而后者是长三角等发达地区被征地农民就业分化的重要特征。当存在持续的就业分化，将使得不同被征地农民群体间长期收入水平呈现显著差异态势，扩大了被征地农民市民化转型的经济能力差距的同时,也进一步影响其市民化转型的社会适应能力与心理感知能力,最终构成了被征地农民基于市民化程度的群体分化格局的形成与固化的核心因素。

假说五:当前由城镇化土地征用行为所导致兼业农户离开土地的情形,本质属于一种外力推动下的"被动"离农模式,而由农户人力资本决定的非农就业发展是构成农户自愿放弃土地而"主动"离农模式形成的内生驱动力。因此,只有在城镇化征地政策中重视对被征地农户人力资本与就业扶持,以构筑与增强其主动离农意愿,才能提升被征地农民对城镇化征地满意度水平,实现市民化转型,从而不断缩小失地农户群体内部以及与城市其他群体间的发展差距。

1.4 研究框架与内容

本书的研究框架与内容大致包括九方面:

第一部分 导论,主要阐述研究背景意义,现有文献述评,研究目标、研究假说以及本书架构与内容。

第二部分 基于人力资本视角的农户兼业、离农与分化行为的理论研究。拟运用非农就业理论、人力资本理论以及农户理论等,比较研究农民兼业与农户兼业的内涵及其衡量体系;基于农户层面分析城乡转型背景下从农民兼业向农户兼业的演化规划与阶段性特征,研究农民离农决策的理论涵义、影响因素与表现形式,探讨农户兼业阶段演变规律与离农决策机制形成的内在逻辑关系;重点研究农户成员人力资本作为内生因素对农户家庭劳动配置及兼业行为形成、演化的重要作用机制,构筑一个包含人力资本、非农职业、农户兼业行为及其离农决策与离农后的分化行为之间关系的理论分析框架,研究不同属性人力资本因素对兼业农户行为模式的差异性影响机制,并提出若干理论假设。

第三部分 长三角地区农户兼业行为与离农倾向的现状调研。拟利用长三角各市统计部门现有的农村住户调查点资料,结合本书开展的农户实地调研数据,从不同层面揭示当前长三角农户总体兼业状况与区域特征,重点调研兼业基于不同人力资本水平下的农户家庭成员就业状况与就业结构,分析城市化土地征用对当地兼业农户成员就业演变的影响,在此背景下比较研究不同兼业农户的离农倾向与离农决策模式。

第四部分 人力资本对农户兼业结构与主动离农意愿影响的单因素实证研究。拟运用 Logistic 模型等方法,分别构建基于不同层面人力资本因素对农户兼业行为以及农户离农决策的不同计量模型,并运用长三角数据进行实证研究,以揭示导致长三角农户兼业发展与离农决策的显著因素和关键因素。

第五部分 农户人力资本、非农职业、兼业行为与离农决策之间关系的 SEM 模型研究。为从更深层次揭示农户从兼业到最终离农化的演化规律及其影响路径,本章将通过构建潜变量体系,基于农户户主视角,运用结构方程模型(SEM)方法,实证研究农户人力资本、非农职业、兼业行为与离农决策之间关系,并揭示其中的影响路径与效应。

第六部分 被征地背景下的离农农户分化行为理论研究。运用社会分层理论,探讨我国农民分化的一般理论和发展规律;侧重研究城镇化背景下被征地农民从就业分化到市民化转型能力的群体分化的形成机理、表现形式、决定因素及内在影响机制等,进而研究设计出能够衡量被征地农民就业分化和市民化分化程度与水平的多层次评价指标体系。

第七部分 长三角地区被征地农户分化行为的实证研究。利用长三角兼业农户调研数据中所提取的一部分被征地离农农户有效样本,跟踪分析离农后的农户成员在就业模式、职业类型、收入状况以及职业声望与地位等方面的分化程度差异及其表现形式,并对不同地区类型的被征地农民就业分化度进行统计分析与综合评价;进一步运用多元 Logistic 模型方法,构建影响被征地农民就业分化的多层次因素分析模型,并运用长三角数据进行实证研究,以揭示导致长三角被征地农民就业分化的显著因素和关键因素。

　　第八部分基于本书的核心理论逻辑,以市民化程度作为反映被征地农民群体分化的核心指标,通过构建潜变量体系,运用结构方程模型(SEM)方法,实证研究被征地农民的就业分化与群体分化之间的内在关系与相互影响机制,并揭示其中的影响效应水平。

　　第九部分　促进城镇化背景下长三角兼业农户深度转型发展的对策研究。从人力资本角度,提出"以提升家庭成员尤其是核心户主成员的人力资本水平、促进农户总体非农就业发展"作为当前城镇化背景下推动兼业农户主动彻底离农转移和有效市民化转型的长效机制与战略重点,并形成相应的政策建议。

　　第十部分　简要结论与后续研究问题。

1.5　研究方法与思路

1.5.1　研究方法

　　总的来说,本书将坚持理论研究和实证研究相结合,调研分析与逻辑分析相结合,总体分析与比较分析相结合。具体包括以下几种研究方法:

　　(1)理论研究方法。在梳理非农就业理论、人力资本理论、农户劳动供给理论和社会分层等相关理论的基础上,结合我国改革开放以来特别是实施城镇化战略以来农村经济社会制度转型与变迁历程,深入系统地研究农户从兼业到离农再到市民化转型分化的持续性行为决策的理论涵义及其演进规律,进一步探究城镇化征地背景下兼业农户离农与分化的形成机理、特性以及人力资本的核心作用机制。

　　(2)比较分析方法。通过实地农户调研,采集多层次调研数据进行比较分析,既形成对城镇化进程中长三角地区兼业农户经济行为演变状况的整体把握,又通过比较分析,揭示长三角区域内部不同农户之间、不同阶段的兼业特征、离农倾向与分化状况等结构性行为差异特征。

　　(3)实证研究方法:构建 Logistic 模型、OCM 模型、R－Q 模型以及 SEM 模型等多种定量模型方法，从不同角度围绕城镇化土地征用因素、农户成员人力资本因素、非农就业发展因素与农户总体兼业演变、彻底离农决策以及市民化转型分化等一系列农户复杂经济行为变迁的内在影响效应及其作用路径进行实证研究。

1.5.2　技术路线

本书的基本研究思路如图 1-1 技术路线：

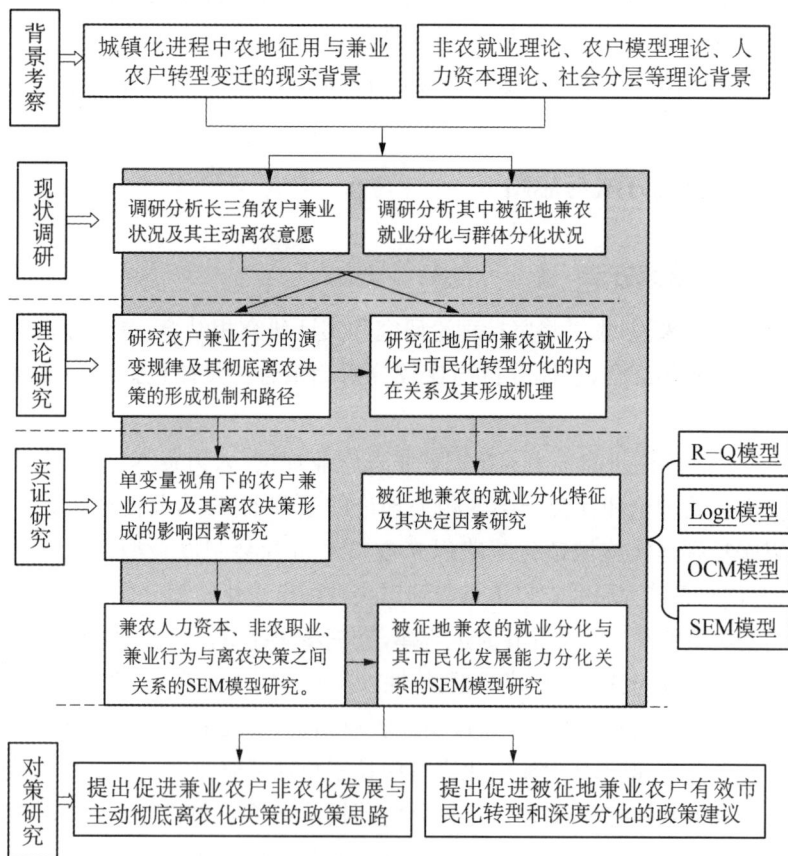

图 1-1　本书研究的技术路线

1.6　可能性的创新

（1）构筑从人力资本视角研究农户兼业、离农决策与市民化分化等持续行为演变的理论架构。

（2）分别运用 SEM 模型方法研究农户人力资本、家庭成员非农职业水平、兼业程度、离农决策以及市民化转型发展之间的内在关系与路径体系。

（3）提出"**以提升兼业农户家庭成员尤其是户主成员的人力资本水平、促进非农就业发展**"作为当前城镇化背景下推动兼业农户主动彻底离农转移与有效市民化转型发展的长效战略与相应的政策建议。

第 2 章

农户兼业与离农决策行为的理论研究

2.1 相关基础理论

农户兼业与离农行为既体现了特定背景下家庭内农民个体的就业形态从农业向非农就业不同程度转变过程,同时也是农户基于现有能力禀赋水平与约束条件下将劳动及其他经济资源围绕农业与非农领域的优化配置结构进而谋求家庭长期受益最大化的体现。一些经典基础理论对农户(民)兼业与离农化问题进行了研究,其中代表性的有非农就业理论、人力资本理论与农户劳动决策理论等。

2.1.1 非农就业理论

由于农户兼业发展过程,同时也是农民持续从农业向非农就业转移的过程,因此,发展经济学基于城乡二元结构下的非农就业迁移理论对研究农民就业分化具有重要理论借鉴价值。主要代表流派包括:二元结构模型、托拉罗模型以及新劳动力迁移理论。

1. 二元结构模型

研究城乡之间农村劳动力非农就业迁移行为的经典理论首推由美国经济学家刘易斯率先提出,并由拉尼斯和费景汉、乔根森等发展的二元结构模型,该模型的核心思想是:发展中国家一般存在二元经济结构与二元经济部门,一个是能够实现充分就业的现代城市工业,另一边是存在着大量边际生产率几乎为零的剩余劳动力的传统农业,随着资本积累的增加,以及经济的发展,农业部门中的剩余劳动力将源源不断地被吸收到非农部门之中去;而随着过剩劳动力的被吸收,劳动供给曲线将逐渐趋于正常。二元结构模型的核心理论价值在于,揭示了农民非农就业转移过程的本质是有城乡与工农业发展差距导致了农村剩余劳动力流动行为。

2. 托达罗模型

与刘易斯模型的假设不同,托达罗(Todar,1969)模型认为农村并不存在剩余劳动力,迁移决策是由劳动力对收入的预期来决定的,城乡收入差距成为劳动力迁移的动力,并且差距越大,迁移的倾向越强。托拉罗模型的重要贡献在于,其一方面更深入地解释了城乡之间劳动人口就业流动与失业行为的形成机制,更重要的是开拓了一种从劳动者迁移成本—收益的理性决策角度审视农民就业行为的研究范式,这对从微观角度研究农民就业分化问题具有重要理论价值。

3. 新劳动力迁移理论

托拉罗模型第一次揭示了劳动力就业迁移的微观决策机制为研究乡城劳动力流动提供了一般理论基础,新劳动力迁移理论主要针对弥补托拉罗模型的不足而提出,影响力较大的流派包括:①斯塔克的"相对收入差距"理论。认为农民的就业迁移决策不仅受到城乡绝对收入差距的驱动,还受到周边群体相对收入差距的影响,当个体感知相对贫困感越强,其迁移动机越强,该理论对研究农民的二次职业分化具有重要启示意义。②卡斯林的"迁移行为前瞻性、选择性"理论。认为农村劳动力迁移涉及到个体基于信息获取与风险感知因素下的决策差异,当不同农民所拥有的城市求职信息以及风险感知强弱等条件差异,都会显著影响其个人的城乡就业迁移。③推拉模型。该理论将宏观与微观等多种因素糅合在一起,从更宽泛视角揭示劳动力转移动因,如Lee(1966)把迁入地与迁出地之间的因素与个体因素引入解释框架,认为人口迁移总是发生在迁入地的推力总和大于拉力和,而迁出地则反之。

2.1.2 人力资本理论

1. 现代人力资本理论的形成

第一次正式提出"人力资本"这一概念,是美国经济学家沃尔什,他在 1935 年出版的《人力资本观》一书中,提出要从个人教育费用和个人收益的比较来计算教育的经济效益。但真正形成比较完善的人力资本理论则要到 20 世纪 60 年代,其主要代表人物有:明瑟、舒尔茨、贝克尔、丹尼森等。

1958 年,美国经济学家雅各布・明瑟(Jacob Mincer)发表了《人力资本投资与个人分配》,文中首次建立了个人收入分析与其接受培训量之间关系的经济数学模型,在此基础上,于 1974 年提出了著名的明瑟收入方程,认为个人的人力资本存量(教育、工作经验等)是工资收入的重要决定因素,随后在《在职培训:成本、收益与某些含义》一文中,明瑟用此方程对美国 70 年代教育与在职培训的投资总量以及由此获得的人力资本收益率进行了估算。

人力资本理论体系最终构建应归功于西奥多・W. 舒尔茨,他也被誉为"人力资本之父"。他在 50 年代末 60 年代初连续发表了数篇人力资本理论研究的重要文章。主要有:《教育与经济增长》(1961)、《人力资本投资》(1961)、《对人投资的思考》(1962)和〈教育经济价值〉(1962)等,其中 1960 年在美国经济年会上发表的〈人力资本投资——一个经济的观点〉的演说,第一次对人力资本作了系统论述,在学术界引起了轰动,并由此掀起了人力资本理论研究的热潮。

舒尔茨的人力资本理论有五个主要观点:第一,人力资本存在于劳动者本身,表现为知识、技能、智力、体力(健康状况)价值的总和。一个国家的人力资本可以通过劳动者的数量、质量以及劳动时间来度量。第二,人力资本是投资形成的,投资渠道有五种:包括营养与医疗保健费用、学校教育费用、在职人员培训费用、择业过程中所发生的人事费用和迁徙成本。第三,人力资本增长是经济增长的主要源泉。经济的发展最终取决于人的质量,而不是自然资源和物质资本存量,掌握了知识和技能的人力资源才是最有价值的资源,是推动社会进步的决定性因素。第四,在所有的投资形式中,人力资本投资收益率最高,超过其他一切形态资本的投资收益率。为了验证这一理论,舒尔茨采用定量方法测算了人力资本投资中最重要的教育投资对美国1929—1957年间的经济增长的贡献,发现其比值为33%,足以说明人力资本投资的高收益率。第五,人力资本的"知识效应"使得人力资本投资能产生递增的收益,进而消除了物质资本等要素边际收益递减对经济长期增长的不利影响。

舒尔茨第一次系统地阐述人力资本理论内涵以及基本特性和运行规律,开创了人力资本理论体系研究的先河;其次,从宏观角度论述了人力资本与经济增长的关系,解释了传统增长理论所不能解释的现象,创新了经济理论;再次,从计量角度分析了教育投资收益率和教育对经济增长的贡献程度,作为教育经济作用的重要依据。但受种种因素影响,舒尔茨的研究还存在一些不足,比如:只注重了宏观分析,忽视了微观分析,其理论缺乏微观的支持;除对教育有较深入的研究之外,对人力资本其他投资形式还局限于泛泛的概念,缺乏一个完整人力资本形成和投资的分析模型;对人力资本的认识还停留在外生理念,无法适应后来的新经济发展时期的要求。

对此,舒尔茨的同事加里·S.贝克尔进行了修正和发展,他的著作《人力资本》被西方学术界认为是"经济思想中人力资本投资革命"。与舒尔茨的片面强调宏观视角不同,贝克尔注重从微观角度对人力资本理论进行研究。他在《人类行为的经济分析》中运用经济学的成本收益、投入产出等方法,对个人、家庭等微观主体在教育、婚姻、生育等人力资本投资方面的理性决策行为给予了合理的分析,从而弥补了舒尔茨的研究不足,同时他又注重把人力资本投资理论与收益分配结合起来,分析了在职培训的经济意义,这些都具有开拓意义。

2. 现代人力资本理论的发展

20 世纪 80 年代中期以来,以知识经济为背景的新"经济增长理论"在欧美国家兴起。这种以技术内生化为特征的新经济增长理论,通过构建规范的经济增长定量模型,把人力资本作为内生变量纳入增长模型,这与 60 年代舒尔茨和贝克尔等仅把人力资本作为劳动要素的一种异化,因此只是一种外生因素的观点迥然不同,同时新经济增长理论逻辑严密的数理模型分析也从方法论角度克服了以往单纯统计分析结果的不严密性,因此是人力资本理论发展的一次质的飞跃。

卢卡斯和罗莫被公认为"新经济增长理论"的代表,由于他们所构建的增长模型都是强调以内生知识的积累为核心,因此又被称为知识积累模型,简称 AK(accumulation of knowledge)。

1986 年,罗莫在他的论文《收益递增经济增长模型》中构建了两个罗莫模型,把知识作为一个变量直接引入了模型,建立了一个与传统 C-D 函数不同的新的生产函数。在此函数中,罗莫共设置了三个内生变量,即单个厂商专业知识、总体社会一般知识和其他生产要素的向量组合。通过一些理论假定以及模型演绎,罗莫推出如下结论:(1)当专业知识积累的递减速度大于一般知识积累的速度,那么此时生产处于规模递减状态,而当个体知识的边际生产率等于或小于折现率时,那么整个经济增长将停止;(2)当专业知识积累的递减速度恰好等于一般知识积累的速度,则生产将处于规模不变状态,经济将按照一常数比例固定增长;(3)当专业知识积累的递减速度小于一般知识积累的递增速度,则生产处于规模收益递增状态,增长函数将趋于向外发散性拓展。

罗莫模型的价值在于较好地把人力资本变量(知识)内生化于增长模型;同时把学校教育形成的一般知识和技术进步、"干中学"等形成的专业知识加以区分,对各自经济功能加以界定,认为一般知识可以产生规模经济,而专业化知识可以产生要素递增的收益,专业化知识和一般知识的结合能形成专业化的人力资本,构成经济增长的主要因素。这些论点有利于我们深化对知识及其投资形式的认识。但罗莫的模型仍存在一些不足,首先罗莫的模型是扩散的,因此,不存在一个最优均衡解;其次,模型假定知识是资本积累的增函数,这难以解释有些资本不足的国家在人力资本积累方面却取得很好进展的事实(如印度)。

内生性经济增长理论的另一位贡献者是卢卡斯(R. Lucas),他在 1988 年的著名论文《论经济发展的机制》中提出了两个经济增长模型:两资本模型和两商品模型。在两资本模型中,卢卡斯把舒尔茨的人力资本理论和索洛的技术决定论的增长模型结合起来并加以发展形成一种人力资本积累增长模型。该模型强调劳动者脱产学校教育所积累的人力资本对经济增长的作用;而两商品模型则是在阿罗(Arrow)的干中学模型基础上建立的,重点分析了边干边学在人力资本积累上的作用。卢卡斯把两种人力资本积累模式的效应总结为:通过学校教育获得的人力资本能够产生人力资本的"内部效应",而通过实践中学习获得的人力资本能产生"外部效应",因此经济增长离不开这两种人力资本效应的相互支持。

3. 人力资本理论的新进展

进入 20 世纪 90 年代以后,由于知识经济已经成为经济发展的主导形式,使得人力资本理论研究迈入了一个新阶段。一方面,众多经济学家继续沿着罗莫、卢卡斯构建的内生人力资本增长模型研究思路往前拓展,如斯科特、格鲁克曼、赫普曼和 G. 贝克尔等;另一方面,一些研究学者开始把研究视角从原先集中探讨人力资本与经济增长主题向其他领域转移,知识资本理论的出现就是人力资本书转型的表现之一。

知识资本理论的代表人物为加尔布雷恩、埃德文森、沙利文、斯图尔特以及斯维比等。知识资本理论着重从微观层次分析知识资本的结构角度来阐释人力资本理论,该理论力图揭示组织内部人力资本产权安排、人力资本运行效率和价值、人力资本激励以及相应的人力资本制度和组织环境等等,知识资本理论大大拓展了人力资本书领域。

4. 人力资本与农民非农就业关系研究

从微观属性看,人力资本本质上属于人的内在能力的体现,而劳动就业作为人的核心经济能力,其与人力资本之间存在紧密的联系。对此,不同人力资本学者进行了深入研究。马歇尔将人的能力分为"通用能力"(General Ability)和"特殊能力"(Specialized Ability)两类,前者包括决策能力、责任力、通用的知识与智力,后者则指劳动者的体力与熟练程度;舒尔茨则按照人力资本投资形式将人力资本产出划分为知识、技能、智力、体力(健康状况)等若干形式,而这些人力资本产出能够为劳动者带来相应回报的劳动能力和非经济价值的生活能力、欣赏能力及品位等非劳动能力,"人力资本的本质是蕴藏在人类机体中知识和技能在形成与作用的过程中能力资本化的结果";贝克尔在他的微观劳动供给模型中还强调劳动主体应具有一定的就业决策能力和预期能力等。国内学者李忠民(1999)则认为,仅就劳动者素质和劳动能力而言,人力资本就应包括劳动者的分析力、计算力、想象力、创造力和适应能力等,这些能力的相互搭配形成劳动者经济行为的综合能力如生产能力、信息获取能力、资源配置能力、管理能力等,另外一些研究学者还将人力资本能力范围进一步扩展到了诸如生理和心理的健康、社会交往、观念、意识、合作精神、创新精神等非经济方面。但考虑到本书目的,我们主要侧重考察人力资本的经济能力。

而伴随20世纪八九十年代我国农村非农化的迅猛发展,一些国内学者运用人力资本理论对农民非农就业"大爆发之谜"进行了理论与实证研究,研究结果充分验证了人力资本因素构成了推动农民非农就业增长的关键因素。

(1)人力资本对农民获得非农就业机会和实现就业模式转变的影响

周其仁(1997)研究认为,农民的素质决定了他们抓住非农就业机会的能力,而其中人力资本状况对抓住非农就业机会方面发挥了重要作用。Brauw et al. (2002)利用我国河北等6省的农户抽样调查数据进行研究发现,人力资本是影响农村非农就业的重要因素;刘文(2004)则论述了农村劳动力流动与人力资本之间存在某种螺旋式相互促进的效应机制;姚先国(2006)研究发现,农民非农就业的职业选择和职业层次也显著受制于其自身人力资本水平的约束。

(2) 不同人力资本结构维度对农民非农就业的影响

——教育对非农就业的影响。赵耀辉(1997)通过对四川省农户调查资料分析研究决定农村劳动力转移的主要因素,发现教育对农村劳动力从农业部门转移到非农部门就业的作用显著,其中教育程度对促进本地非农就业要比外出就业更为明显,教育程度较高的劳动力倾向于首先选择进入农村本地非农产业就业,其次才是外出就业;张林秀(2000)通过计量模型分析了经济波动中的农户劳动力供给行为特征,发现教育不仅影响农村劳动力能否获得非农机会,而且也决定了劳动力非农就业的稳定性,在经济萧条时期,受教育程度高的农村转移劳动力能够较好地避免被解雇的风险。都阳(2001)运用风险分散模型也分析了贫苦地区农户家庭非农劳动供给决策,认为家庭抵御风险能力越强,则非农劳动供给时间越多,但教育对于劳动供给在农业活动和非农活动之间的配置起了很重要作用,并运用数据加以了验证。李实(2001)对农村女性劳动者的外出打工行为进行了实证分析,结果表明,较高的文化程度有助于增加她们的外出就业机会。苏群(2005)则运用江苏省3个地区12个城镇的农村女性非农就业和迁移意愿的实地调查数据分析,得出越是教育程度高、非农工资高,非农工作年限长、未婚的年轻女性,其迁居城镇意愿越强。白菊红(2004)还研究了户主文化程度对家庭非农就业决策的影响,结果表明户主受教育程度越高,家庭成员从事非农产业的可能性越大。

——培训对非农就业的影响。任国强(2005)认为,专业技术培训和文化程度在对劳动力非农就业参与的作用方而存在着某种程度的替代关系一个劳动力尽管文化程度较低;但通过专业技术培训,掌握某种职业技能后,也能大大提高其非农就业的机会。蔡荣生等(2005)也指出,受过培训的农村劳动力在城市中获得工作的机会明显较高;刘吉元(1991)的调查显示,异地转移对劳动力的生产技能要求更高,且接受过非农生产技术培训的农民,其常年转移的比重较高,反之则较低。张照新、宋洪远(2002)对国家统计局抽样调查数据的分析表明,2000 年受过专业培训的劳动力回流农业比例低于未受过专业培训的劳动力回流比例。这意味着接受过专门培训对于农村劳动力长期在外就业有重要的影响。由此可见,受过专业培训的劳动力在非农就业过程中更为稳定。

　　——健康对非农就业的影响。许多研究结论都有力地支持了健康对就业的正向影响。如 Scott et al(1977)运用 Probit 模型的分析结果表明,健康在劳动力参与决策中扮演重要角色;朱玲(2002a)从理论角度阐述了健康投资与人力资本的关系,并剖析了中国经济转型中农村卫生服务的过度市场化改革趋势对农村人力资本积累的影响;在另一篇文章(2002b)中分析了应对入世后的就业形势下对贫困人口进行健康和教育人力资本投资的必要性;樊明(2002)的研究也表明,健康不良对就业有显著的负面影响,健康人群比不健康人群获得就业的机会更大;魏众(2004)利用 1993 年中国营养调查数据,首次尝试探讨了中国农村地区健康对非农就业的影响,研究发现,提高健康资本存量对于农民获得非农就业机会具有重要的作用。

2.1.3　农户劳动供给理论

1. 新古典劳动供给理论

　　从微观层面讲,就业问题本质上也是一个劳动者的劳动供给决策问题。传统劳动供给理论认为,个人的劳动供给决策主要是一种收入——闲暇选择问题。劳动者追求效用最大化下的均衡条件是闲暇和收入的边际效用之比等于工资,工资的变化将带来劳动者工时供给的变动,进而产生收入效应和替代效应,因此个人的最终就业决策主要取决于工资率水平。传统就业理论从完全竞争市场和完全信息假定出发,把工资视为外生既定的,因而劳动者就业也定位成单纯的外部劳动力市场竞争行为,个人决策影响较小,但当市场是一种不完全竞争结构下,特别是信息存在不对称和不完全情况,或者劳动者迁移到一个陌生的环境中,此时劳动者无法获得外部准确的工资报酬信息,那么其劳动供给决策将更多地取决于自我预期收益及相应的预期风险等预期能力,而预期能力取决于个人信息收集和对自我评估和决策,因而个人劳动就业供给的个人决策因素将大大增加。

2. 家庭劳动供给理论

贝克尔(Becker)的时间配置理论更进一步强调了个人复杂决策性在就业行为中的重要性。时间配置理论认为,传统收入——闲暇劳动力供给模型假设时间在工作和非工作间的二分选择过于简单化,"事实上个人(或家庭)并不是简单地在工作和不工作作出选择,而是在时间的各种用途间进行选择,以使包括市场购买品和家庭生产品在内的广义消费最大化"。劳动者的工作决策已经被纳入一个更一般框架,在这个框架中,个人效用函数 Z 包含了由多种商品和时间构成的各种活动,工作只是其中一种特定的活动,因此效用函数最大化条件是作为个体所有活动的边际效用等于相应所有活动的边际成本。可见,个人就业行为将涉及到更多变量因素,比如家庭行为、个人生命周期因素等,因此个人的时间配置意识和决策配置能力的差异等都将显著影响个人的就业行为。

3. 农户模型理论

传统理论基本将农民就业局限于其个体行为,而随着组织研究的兴起,农户作为农民的重要组织,其对农民就业行为的影响愈受关注。由 Chayanow(1920)较早提出,并被 G. Becker(1965)等学者拓展的农户模型理论认为,农民就业行为是一种基于农户家庭效用最大化下的集体决策而非单纯个体决策,按照不同家庭成员效用函数的同质与异质假说,农户模型理论又进一步发展为单一模型(Unitary Model)与集体模型(Collective Model)两阶段。

一些学者对农户家庭生产、消费与劳动就业等基本经济活动展开分析,并对上述三者之间的关联研究进行了适当的扩展。Nakajima C. (1969)不仅给出了农户家庭收入的约束条件,并在农产品和劳动力市场完全竞争的条件下,研究了农户在家庭效用最大化目标下的各项经济决策。考虑分析的可操作性以及数据的可得性,大部分基于农户经济理论的买证研究均以比较静态分析以及农户风险中性作为前提。

而在吸收人力资本理论和非合作博弈战略性议价理论的基础上,家庭内部劳动供给决策模型将博弈论分析作为家庭内部集体决策分析的基础,其中,Noburga Ott(1992)构造了一个两次讨价还价的效用分配模型。在该模型中劳动供给决策是一个战略变量,这就意味着家庭的最优化时间配置不仅要考虑到最大化家庭总产,还要把未来的谈判能力考虑进来,认为夫妻间劳动分工并不一定是合作博弈,在非合作博弈下,存在议价效应,导致妻子的保留工资下降,从而为妇女参与劳动市场给予了较好的解释。

2.2 我国农户兼业与离农决策行为的形成机理

上述经典理论从不同层面为研究农户(民)兼业行为及其离农主题提供了重要分析基础,但却不能完全适用于对我国兼业农民行为的研究,这是因为,一方面,我国特定国情决定了改革开放以来农村社会经济结构的转型与农民兼业行为演化路径具有显著的中国特色发展特征,因而西方相关经典理论不能完全照搬;另一方面,当前我国长三角等经济发达地区正经历新一轮城镇化发展浪潮,由土地征用构成了对兼业农民行为及其离农决策的外部性强制性制度变迁机制,形成所谓"被动离农化"效应,在此背景下,其与农户非农就业拓展所形成的"主动离农化"决策存在根本性区别,这使得我国农户兼业行为与离农演化更具有深层次复杂而与特殊性规律,因此,本节将在上述相关基础理论的基础上进一步对我国农户兼业与离农决策的理论属性进行探究。

2.2.1 农户兼业的双重属性

1. 基于农民个体就业形态层面

如果从字面意思上理解,所谓兼业是指农民既涉足非农领域就业,同时也不放弃农业生产的状态,因此,兼业的第一层次理论属性是农民兼业,即体现为农民个体所选择从事一种介于纯农业与完全非农就业的中间就业形态,其本质上属于特定农民不完全非农就业发展的体现(陆学艺,2002)。

从理论上讲,农民个体兼业行为的形成是由农业生产的客观性与农民自我劳动决策行为的主观性共同决定的。一方面由于农业是自然过程与社会过程相结合的产业,农业生产具有显著的季节性,这客观上使得农民所投入农业的劳动时间一定程度上存在非持续性特征,存在农民在总劳动时间中扣除从事农业时间之外的一定劳动时间剩余,而当农民将其剩余劳动时间投入非农领域,农外兼业行为随应而生,因此,农业生产效率及对农民活劳动消耗的技术水平客观上构成了农民能形成剩余劳动时间的潜在规模与水平,这构成了农民兼业行为及其规模的客观基础;但另一方面应看到,兼业行为的发生还与农民时间决策有关,特定条件下,农民只有将可支配剩余劳动时间配置到非农就业领域,而非用于单纯闲暇消费,才能有助于农外兼业行为的发生,这事实上涉及到农民个体自我劳动决策,因而具有显著的主观属性,由此可见,农民兼业行为深层次体现为农民作为劳动个体围绕农业、非农领域与闲暇之间的时间配置决策,对此可运用经典的劳动经济学理论进行诠释,当三者之间投入时间的边际效用水平相等时,农民处于决策均衡状况,此时有助于形成农民个体的兼业形态与规模程度的静态最优均衡。

2. 基于农户家庭整体劳动分工层面

农户是由多个家庭成员人口所形成的微观组织系统,完整意义上的农户家庭人口构成既包括具备劳动能力的成员,也包括不具备劳动能力的成员,如未成年子女和丧失劳动能力的年迈老人或残疾

人口等,但基于本书的研究主题,我们主要关注劳动成员,因此本书
所研究的家庭成员概念均仅指劳动成员,而并非指所有家庭人口。
按照家庭理论学派观点,标准农户家庭的劳动成员主要有一个男性
和一个女性构成,简称户主夫妻双方构成①(下简称男女),并假定农
户夫妻既是家庭经济收入的主要来源,同时也拥有家庭劳动及其他
经济资源配置的最终决策权,其构成了衡量农户家庭就业结构变化
的核心因素。

　　由不同家庭成员的就业形态差异及其演变将推动农户整体就业
结构与形态变化,由此提出了兼业的第二层理论属性——农户兼业。
所谓农户兼业是指家庭整体发展目标而对所有家庭劳动资源有效分
工与配置的整体决策行为。本书侧重考察基于家庭整体层面的农户
兼业主题。

　　依据农户理论观点,农户家庭成员能力结构具有异质性特征,农
户以追求家庭总收益最大化和风险最小化为目标,依据不同成员劳
动能力的差异,实现家庭内部劳动资源在农业和非农领域的分工和
优化配置,从而形成农业与非农领域的双重经济结构。而农户兼业
结构本质上是由不同农民成员的劳动就业形态状况决定的,根据农
民就业类型,不同农户成员的就业形态将经历由农业→兼业→完全
非农就业②之间的不同程度非农化演变,由此推动农户就业结构呈现
如表2-1的多阶段演进特征。

---

① 但现实中,一些家庭除了户主夫妻双方作为主要劳动成员之外,不排除还存在一些次要
　劳动成员,如具备一些劳动能力的子女以及老人等,本节为了抽象地揭示基于劳动决策
　属性下的农户兼业结构特征,我们暂不考虑次要劳动成员,而将农户劳动构成仅限定为
　农户夫妻为主要劳动成员,但后文从农户非农收入结构角度分析农户兼业时,将放松这
　一假设,考虑农户家庭所有劳动力及其创造的非农收入。
② 为了与从事部分非农职业的兼业形态相区分,本书对非农就业界定为一种完全从事非
　农职业的就业形态,同理,农业也特指完全从事农地生产的就业形态;调研设计中农户
　成员的就业类型选择包括:a. 完全农业;b. 兼业(农时务农,平时上班);c. 完全非农就
　业;d. 无业。

表2-1 农户就业结构演进的阶段类型

农户特征＼就业结构		农业型	半兼业ⅰ型		全兼业型	半兼业ⅱ型		名义兼业	完全非农型
家庭成员就业形态	男	农业	兼业	农业	兼业	兼业	非农就业	非农就业	非农就业
	女	农业	农业	兼业	兼业	非农就业	兼业	非农就业	非农就业
对土地依赖度		高度	高度		中度	低度		无	无
就业阶段		纯农	兼业						离农

演进方向 →

2.2.2 兼业行为的演进规律：从农民个体到农户家庭

从表2-1可清晰见到，农户兼业与农民个体兼业密不可分的，农民兼业是农户兼业的前提和基础，而农户兼业进一步促进了农民非农兼业深化，特定农民个体兼业行为的结束并不能带来农户兼业自然消亡，受农户对土地依赖度的影响，农户兼业的最终结束是由其主动放弃农地权为核心标志，从农民个体到农户家庭的兼业形态与程度持续演化构成了描述兼业行为的内在规律，而其中非农就业因素是推动从农民兼业到农户兼业双重演进的直接推力。

纵观农户兼业的形成与演进历程，首先在初始阶段，一方面来自农业低收益的推力，更主要地是受到外部非农机会和较高非农收益的拉力，农户家庭原先的单一农业就业结构开始分化，首先由具备较高人力资本禀赋的家庭成员率先涉足非农就业，使得家庭开始获取非农收入，但受种种因素影响，此阶段农民所获非农职业水平并不高[①]，因此大多以半工半农的个体兼业形态为主，因此这一阶段既开启了农民个体兼业的起点，同时也标志着农户非农化兼业的启动，但

[①] 大量研究证实，在改革开放初期，农民非农化就业主要是以"离土不离乡"的就近乡镇企业就业形态为主，考虑到早期乡镇企业主要以"拾遗补缺"起家，因此当时无论是企业发展层次还是所提供的职业岗位水平普遍不高。

由于此阶段,农户对农地总体依赖度依然很高,因此总体农户兼业的非农化水平较低;其次,随着该成员的非农就业深化,非农职业水平的持续提升,其不断积累更多的非农化发展所需的物力资本、人力资本和社会资本,这不仅促进其自身非农化就业水平逐步提升,由不完全非农化的个体兼业形态逐渐向完全非农就业演变,同时,也帮助农户家庭不断积累更多的非农化发展所需的物力资本、人力资本和社会资本,进而促进更多的家庭成员获取不同程度非农职业机会,不断增加农户非农收入水平,推动农户兼业非农化程度的持续攀升,农户兼业结构由半兼业 i 型阶段向全兼业乃至半兼业 ii 型阶段演变(如表 2-1);最后,当所有家庭劳动成员都成功地从农业领域转移出来时,意味着农户家庭收入结构中农业比例趋于零,此时兼业农户步入了名义兼业阶段,并完全摆脱了对农地的生计依赖,因而理论上具备了主动放弃农地权并最终离农的经济条件,从这个层面讲,农户离农决策是建立在非农兼业高度化发展的基础上。

2.2.3 农户兼业行为的衡量方法

为便于后文实证研究的需要,这里简要探讨一下关于反映农户兼业程度的衡量方式。正如序言部分的相关研究综述所示,对此,国内外学者从不同角度提出了衡量方式与方法,总结起来大致包括两大类:劳动时间法与收入法

1. 劳动时间法。即以农户家庭劳动成员投入非农/农业领域的劳动时间之比例 (α) 进行衡量,当 α 值 > 1,表明农户投入非农就业时间要超过农业时间,此时农户家庭的非农化兼业度也越高,反之,当 α 值 < 1,则反映了农户投入农业领域劳动时间相对更多,农户兼业的非农化程度较低,而当 α 值 $\to \infty$ 时,农户趋于完全从事非农就业,当 α 值 $\to 0$ 时,此时农户近似为不参加非农领域的纯农户。

2. 非农收入法,即以农户家庭收入结构中非农收入比例 (φ) 来衡量,其中 φ 值越大,表示兼业非农化程度越高,该方法由于获取数据较为方便,因而为国内研究兼业的学者较多采用,如陈晓红(2007)

等提出根据 φ 值不同区间划定不同兼业类型。具体为:当 $\varphi < 10\%$ 时为纯农户,$10\% \leqslant \varphi < 50\%$ 为一兼户,$50\% \leqslant \varphi < 90\%$ 为二兼户,而 $\varphi > 90\%$ 为非农农户,本书后面基于收入法的农户兼业行为分析将采用陈晓红(2007)等多数学者所认同的关于农户兼业衡量标准。其中,$\varphi \geqslant 50\%$ 以上的二兼业又被称为非农化兼业,$\varphi > 90\%$ 的非农户可称为高度非农化兼业形态;而 $\varphi < 50\%$ 以下可称为低度非农化兼业或农业兼业形态。

3. 就业结构法。上述两种指标划分是目前学术界较为普遍常用的兼业测定方法,但本书认为,基于农户兼业的形成阶段特征以及受农户内不同家庭成员就业分工与形态演变的内生决定机制,可进一步基于农户家庭内成员就业分工结构形态角度对农户兼业程度与类型进行刻画,从而有利于从更深层次把握农户兼业的理论实质,由此本书尝试创新性提出对农户兼业程度划分的第三种方法——就业形态法。

从表 2-1 中可见,总体上农户就业发展大致可分为三个阶段,即纯农、兼业和离农阶段,不同就业阶段对农地的依赖度存在显著差异,其结构演进过程,是由农户夫妻双方劳动分工与就业形态的变化决定的;从时间跨度看,兼业占据了农户就业的主要阶段,而按照根据夫妻双方就业形态分工与组合差异,可将农户兼业程度划分为三种类型:

(1)全兼业型。即男女双方都既涉足非农职业,同时也从事农业生产;

(2)半兼业型。即农户家庭只有一方从事兼业,其中当另一方从事纯农业的,称之为半兼业 i 型,而从事非农就业的,称之为半兼业 ii 型。显然半兼业 i 型是农户初始兼业形态,存在于非农水平较低的时期;而半兼业 ii 型在非农化程度较高的阶段则更为普遍。进一步按照性别特征,可将半兼型农户细分为:a. 女兼型,即女性兼业而男性非兼业(指单纯从事农业或非农就业),b. 男兼型,男性为兼业而女性非兼业两种子形态。

(3)"名义"兼业型。顾名思义是指男女双方都已经完全脱离农业而从事非农职业,但并未放弃农地承包权,而是选择以非劳动力经营、雇人代种、短包甚至抛荒等多种形式处置农地(张务伟等,2009),因此仅具备"名义"兼业特征。基于农户对土地的生计依赖度判断,不同农户兼业类型的非农化程度存在一定差异,其中半兼业 i 型和全兼业型的非农化程度较低,半兼业 ii 型次之,而"名义"兼业型最高,由于此阶段农户的土地依赖度近似为零,因此理论上其距离彻底离农只有一步之遥。

虽然与经典的劳动时间法、收入法等相比,本书所提出的基于家庭成员就业结构差异下对农户兼业程度划分方法在理论出发点上有所差异,其划分兼业类型表述也存在一些不同之处,但我们认为其内在属性却是一致的,总体都是反映家庭由劳动就业资源配置所形成的农户经济结构状况,存在一定的彼此关联性与相通性,如但基于不同就业阶段所形成的收入效应[①]初步判断,半兼业 i 型和全兼业型偏向于 I 兼业,而半兼业 ii 型和名义兼业型更偏向于 II 兼形态。在第3章我们将同时采用收入法与就业结构法对长三角农户兼业行为进行比较分析。

2.2.4　兼业农户离农化特征与决策形成

1. 农户离农化的涵义与模式特征

所谓农户离农化是指农户家庭以放弃土地以及其他涉农资源的经营处置权而选择退出农业与农村生产生活方式的一种非农化转移行为与过程。现阶段,农户所拥有的土地经营权可分为两个层面:①农地承包权,是指依照我国农村家庭联产承包制度规定的每个农户所享有的农业耕地生产经营权,其构成了农民从事农业生产的重

---

① 考虑到现阶段我国客观上存在农业与非农产业的收益差距,因此我们认为基于农民理性就业决策下,其他条件既定,应存在着在非农收入水平方面纯非农就业>非农兼业>纯农业的基本特征,进而就业结构能近似反映农户收入结构。

要体现;②宅基地权,是指按照我国农村集体土地法律法规赋予的农户依法取得房屋宅基地及其自留地的使用权,宅基地权可以保障农户家庭合法的农村居住与生活权益。

据此,我们首先可从农户对不同类型土地权的放弃维度,将农户离农化划分为两种形态:

(1)流转农地模式退出农业。即农户通过农地非农征用、长期转租、二轮承包等形式放弃农地承包权,实现了生产方式的转型,农户离开了农业生产领域,其家庭成员的就业形态逐步实现了从农业、兼业向非农就业的转移,而农业收入占家庭总收入占比持续下降并趋于为零,农户最终摆脱了对土地的生计依赖。

(2)流转宅基地模式退出农村而迁居城镇。即由农户在放弃农地经营而步入非农领域就业的基础上,进一步通过宅基地拆迁征用、有偿转让置换等形式放弃了农村宅基地权,离开农村居住与生活环境,并通过城镇安置房或购置商品房等方式而迁居城镇居住生活,并最终实现市民化的发展过程。

显而易见,农户离农化过程中的两种决策模式是存在着梯度关系的。一般而言,首先,农地流转是农户离农化发展的初级阶段,同时也是一种基础离农化模式。其表现为兼业农户在非农就业发展的持续拉动下,对农地的生计依赖度不断降低,最终降为零,进而触动了主动流转农地经营权而完全退出农业生产的内在动机,从而推动了其所有家庭成员的生产与就业方式最终从农业领域彻底退出并从事非农领域就业,但受种种因素影响,农户或许还保留农业户籍,更重要的是仍选择居住在农村,即所谓"离土离乡不离居"。

其次,迁居城镇是农户离农化发展的深度阶段,是一种高层次离农模式。伴随着农地流转的完成,兼业农户得以深层次参与非农就业,实现从兼业向完全非农就业转移,不仅在从事非农劳动时间持续攀升,且由于彻底摆脱了农业领域种种束缚,有利于进一步加大非农领域的人力资本、物力资本与社会资本等能力投资,追求更高的非农职业发展机会与非农收入水平,从而逐步具备了迁居城镇生活的经济基础;更重要的是,由于农户在城镇非农就业发展的深化,农户逐步培育与城镇民众趋于一致的工作模式与生活方式,从而有利于农户成员形成城镇化社会交往模式与心理适应能力,这奠定了农户迁居城镇发展的社会与心理适应性基础。在此阶段,当相应外部制度条件具备的前提下①,农户将倾向于放弃宅基地权,即所谓"离土离乡又离居",从而最终告别农村生活而迁居城镇并市民化。

值得注意的是,当前我国正经历新一轮城镇化发展浪潮,大量农村土地被非农化征用,由此构成了对农户离农化的强大外部推力,在此背景下,失地农户对征地满意度状况,可一定程度构成对其是否主动离农意愿的间接衡量指标。征地满意度水平反映了被征地农民对土地征用政策所带来的预期和现实的福利增进与发展能力的综合评判。征地满意度可进一步细分为:征地项目、征地程序与征地补偿等不同维度进行考量。既定条件下,当满意度水平越高,表明征地对农民福利与发展能力的增进效应越显著,越有利于提升其进入城镇市民化的预期能力与信心程度,从而增强其自愿放弃农地权而主动离农化意愿;反之,则表明征地将恶化农民现实与未来生存与发展条件,从而诱发被征地农民的某种"被剥夺"感,这样,即便现实中农户在征地政策高压下被迫放弃了农地权与离农化,依然不能排除其内心深处对征地的"强制性"、"不情愿"等心理感知,形成被动离农倾向。由此,除了从农户对不同类型土地权放弃维度之外,还可从征地满意度维度进一步将农户离农分为以下两种形态:(1)由高征地满意度水平形成的农户主动离农化。(2)由低征地满意度水平导致的农户被动离农化。

本书所研究的兼业农户离农化问题侧重于关注农户在城镇化征地背景下的主动自愿放弃农地和迁居城镇决策意愿和行为,其将受

①　基于我国现有农村土地产权制度下,对农户在农地与宅基地流转方面权益界定上仍较模糊,导致在流转方式、范围与受益程度等方面还存在诸多制度性限制与缺陷,从而不利于农户主动彻底离农决策。

到农户自身内部因素和外部征地环境条件的共同影响。

据此,我们可基于不同维度将农户离农化模式大体归结为图2 - 1中Ⅰ～Ⅳ的4类组合:

	离开农业(离土) (流转农地)	离开农村(离居) (迁居城镇)	
主动型离	Ⅰ	Ⅱ	农
被动型离	Ⅲ	Ⅳ	农

图2 - 1 农户离农化模式组合矩阵

2. 兼业农户离农化决策的形成机制

按照经济学观点,决策是个体或组织在不确定环境下以追求收益最大化为目标进而对稀缺资源和行为方式进行优化配置和合理选择的过程。决策本质上和市场一样,都是一种资源配置方式,但与市场机制主要依靠价格和竞争等外部手段不同的是,决策是一种依据主体的辨别力、分析力和处置力等内在能力作用于资源配置,属于个体的自我能力。经济运行中,市场配置资源与主体决策配置资源方式之间的选择主要取决于信息充分性或经济均衡状态程度,当信息越不充分,不确定程度越高,经济非均衡状态越严重,市场机制效能将越低,决策作用机制的重要性越显著。

对于兼业农户而言,其离农化决策过程本质上也是体现农户家庭追求整体收益极大化与风险极小化目标下将劳动及其他经济资源向非农领域动态配置过程。因此,农户离农化决策的形成将同时受到家庭内部因素与外部环境因素的"推拉"效应影响。

(1)现阶段城镇化农村征地政策及征地行为构成了对被征地兼业农户的离农化决策行为的重要外部拉力。但受制于农户对征地项目、征地程序与征地补偿等方面的满意度状况,其将构成不同性质的离农化意愿水平,即当征地满意度越高,农户主动离农化意愿越强,反之则更多体现为某种被动化离农倾向。

(2) 真正构成推动农户主动彻底离农化决策的内在力量应是农户家庭禀赋条件与就业发展状况,而其中家庭成员的非农就业水平构成了贯穿不同兼业农户离农化决策演进的主线与核心因素。

一方面,由家庭成员总体非农就业程度决定了兼业农户获取即期非农收入的能力与水平,从而奠定了农户离农化决策的重要经济基础。伴随着农户非农就业规模与水平的不断提高,将开启农户非农化兼业行为的开始,这有助于持续提升农户家庭经济结构与收入结构中的非农比例,从而不断降低农户对农地生计依赖度,这直接推动了农户主动流转农地权并彻底离开农业的离农化决策形成。

另一方面,非农职业层次的提升为农户流转宅基地而选择从农村迁居城市奠定了重要的经济与社会基础。职业既是就业的载体,职业层次更是反映就业层次和水平的核心标志。所谓职业层次是指特定职业形态在社会层级经济地位的综合体现。一般而言,劳动者所从事职业的层次地位,既会影响对个体及其家庭的现实经济水平和社会地位的现实判断和未来预期,更能构成形成对其未来对其所属社会地位的现实与预期认知影响经济水平与所属社会地位的期望认知。对于农户而言,当劳动成员的总体非农职业层次越高,不仅能给其个体及家庭带来与此相对应的现实较高经济收入回报,更重要的是能形成其个体乃至家庭形成强烈的非农化社会阶层归属的认知,其对农户最终选择从农村居住地向城镇迁移并融入市民化社会这一深度离农化决策行为的形成无疑发挥了重要促进作用。

然而,需指出的是,兼业农户离农化决策除了受到家庭即期非农就业与非农收入水平等经济因素影响之外,还与农户成员对未来非农就业发展与风险预期等心理因素紧密关联。农户参与土地流转倾向与其对未来发展预期决策有密切关系(贺振华,2006),在预期不确定下,即便农地流转有较高的现实补偿,农户也不轻易参与,而本书认为农户成员非农就业状况构成了农户未来预期决策的重要影响因素,理论上只有当所有家庭成员都形成一致的未来良好发展预期时,农户才会最终放弃农地保障权而选择彻底离农。

2.2.5　农户兼业行为与离农化的关系研究

从以上对农户兼业行为的演进规律与农户离农决策形成机制的研究中,不难发现,农户兼业与离农行为之间具有某种内在紧密关系。

首先,无论是农户兼业行为还是农户最终离农化决策都是与农户家庭成员的非农就业发展直接相关,因此本质上两者都可归结为农户基于不同阶段非农就业发展水平下追求家庭整体收益极大化目标的劳动及其他经济资源的优化配置过程,其内在理论属性都属于一种农户集体决策行为。

其次,农户兼业行为演化与最终离农化之间也存在着传导与影响效应。兼业行为是农户离农化发展的前提和基础,没有兼业就谈不上农户未来最终离农化决策,而农户彻底离农化的形成也应是建立在农户整体高度非农化兼业发展,并最终完全非农化的就业结构持续演化基础上。

从表 2-1 可见,农户兼业的形成是建立在家庭某个成员率先实现非农化就业转移的基础上,从而开启了农户对非农领域的拓展,某种意义上,兼业构成了农户离农化的开始,只不过此阶段仅是通过家庭内部劳动再分工而实现了个别家庭成员的就业离农化,而农户依然保持农地经营,因此本质上属于一种不完全离农化行为,但伴随非农化兼业的持续深化,越来越多家庭成员投入到了非农就业领域,这导致家庭用于农业劳动时间也持续缩短,最终当所有家庭成员都从事完全非农就业时,农户也将步入非农化兼业的最高阶段——"名义"型兼业,在外部条件具备下,此时农户将倾向于流转农地经营权与彻底离开农业,从而实现了初级阶段的离农化。

当家庭成员在城镇非农领域就业层次得以持续发展,非农收入水平进一步提高,将为农户市民化转型创造必要的经济与物质条件基础,而如果此阶段通过深化城乡户籍制度改革,打破针对外来人口在城镇居住、就业、社会保障以及教育、医疗等公共服务领域的种种体制与制度壁垒,将有助于营造进城农民工家庭在城镇长期发展的良好稳定预期,进而为其主动放弃原有农村宅地权而永久迁居城镇创造积极条件,从而实现高层次的彻底离农化。

2.3　人力资本影响农户兼业与离农行为的理论机制

2.3.1　农户人力资本体系的双重属性

　　按照人力资本理论集大成者——美国经济学家舒尔茨——的观点,人力资本是凝集在人自身通过健康、教育、培训、迁移等不同人力资本投资所形成的多种能力类型的总称。

　　农户家庭是由多个劳动成员个体所组成的微型组织系统,因此,理论上农户人力资本体系也内生地由不同家庭成员人力资本决定,具有显著的双重特征。

　　一是数量特征。即每个成员个体所拥有的人力资本存量状况,将决定农户该类人力资本的总体禀赋水平,我们用均值指标($\overline{X_i}$)来衡量,计算方法为:$\overline{X_i} = \dfrac{\sum\limits_{j=1}^{n} x_{ij}}{n}$,其中 x_{ij} 表示特定农户的第 j 个家庭成员 i 类型人力资本存量数,n 为该农户的家庭成员数,设 $n \geqslant 2$[①],则既定条件下,当 $\overline{X_i}$ 值越大,表明相比其他农户,该农户家庭的 i 类型人力资本总体水平越高。

　　二是结构特征。农户内部不同成员之间人力资本水平的差异状况,将一定程度反映该农户的人力资本结构特征,可用离散度指标(Xm)来衡量。统计学中能反映样本数据分布结构的离散度指标有

---

① 如前所述,这里的家庭成员专指家庭劳动成员。一般而言,家庭劳动成员数取决于家庭类型,正常家庭一般至少由夫妻双方两个劳动者构成,故有 $n \geqslant 2$,但不排除也存在少数特殊家庭,如单亲家庭、单身、户主完全或部分丧失劳动能力的残疾家庭等等,其家庭劳动者数量可能 < 2,但本书不考虑这些特例。

多种,如全距极差、标准差、变异系数等,这些指标各有特点。相比而言,当组内样本量偏少时,全距极差指标并不会导致关键信息的损失,且能很好反映离散程度,兼具计算方便等优点。本书主要考察农户内部劳动成员人力资本数值分布的离散性,样本家庭成员均值数为3.034,总体家庭成员数是有限的,因此,可以选择全距极差指标进行衡量。计算方法为:$Xm_i = |x_{i, \max}| - |x_{i, \min}|$,其中 $x_{i, \max}$、$x_{i, \min}$ 分别表示该农户家庭成员中所拥有第 i 类人力资本的极大值与极小值。显然,当 Xm 越大,反映该农户人力资本结构的不均衡度也越大,反之则越小。

由此可见,特定农户人力资本体系将同时存在数量与结构的双重特征,下面我们将讨论基于双重属性下的农户人力资本对兼业行为与离农决策的影响效应。

2.3.2 人力资本影响农户兼业与离农行为的机理分析

1. 非农就业因素对农户兼业与离农行为的决定效应

无论是农户兼业还是离农本质上属于农户家庭的理性决策行为,而本章的相关研究表明,纵观农户兼业的形成演变到最终决定离农,其核心主线是家庭成员的非农就业发展,因此,三者之间将存在如图 2-2 所述的决定关系,而其中农户主动离农决策同时也将受到其非农化兼业水平的推动作用。具体可从衡量非农就业发展的三个维度指标进行进一步分析:

(1)非农职业层次。职业层次是指特定职业形态在社会层级经济地位的综合体现。一般而言,劳动者所从事职业的层次地位,既会影响对个体及其家庭的现实经济水平和社会地位的现实判断和未来预期,更能构成形成对其未来对其所属社会地位的现实与预期认知影响经济水平与所属社会地位的期望认知。对于农户而言,当劳动成员的总体非农职业层次越高,不仅能给其个体及家庭带来与此相对应的现实较高经济收入回报,更重要地是能形成其个体乃至家庭对未来获取长期稳定较高收入和归属强烈的非农社会化社会阶层归属的良好预期认知。因此农户兼业结构演变与家庭成员的非农职业层次可能存在正相关性,职业层次越高,农户兼业的非农化程度越高,其彻底离农化离农意愿越强。

(2)非农职业收入。已有大量研究表明,收入水平是影响农户劳动配置的核心因素,Becker(1987)的农户生产模型揭示了基于收入信号下农户在农业与非农领域优化配置家庭劳动资源,以实现家庭总收益最大化目标,当即期非农收入水平越高,农户越倾向于增加非农劳动资源投入程度。因此,农户兼业结构演变与家庭成员的非农职业收入将存在正相关关系,收入水平越高,农户兼业的非农化程度也越高,其彻底离农化离农意愿越强。

(3)非农职业风险。Stark(1999)认为,风险因素也是农户劳动资源配置决策考虑的重要方面,理性农户的有效内部家庭分工机制还将追求家庭生存风险最小化。因此理性兼业农户也具有风险厌恶倾向,当家庭成员所从事的非农职业越缺乏安全性,农户越对未来长期非农就业前景缺乏信心,进而将更依赖农地资源的最终生计保障,因此,农户兼业演变与家庭成员的非农职业风险可能存在负相关关系,不确定风险越大,农户兼业的非农化程度越低,其彻底离农化离农意愿越弱。

2. 基于非农就业中介效应的人力资本与农户兼业及离农决策关系的传导机制

图2-2揭示了人力资本对农户兼业程度与离农决策行为的影响机理及其传导路径。其中,家庭成员非农就业发展构成了推动农户兼业发展与离农决策行为的显著动因,大量研究表明,人力资本与农民非农就业发展之间存在着直接而又显著的促进作用,故农户人力资本体系构成了推动家庭成员非农就业发展的核心动因,但基于家庭视角,农户成员的非农就业行为既是其个体就业行为决策,同时也体现了家庭集体劳动分工决策结果,而由农户人力资本双重属性构筑了对农户非农就业决策行为的双重影响。因此,基于非农就业的中介作用,形成了如图2-2的人力资本与农户兼业行为演变及离

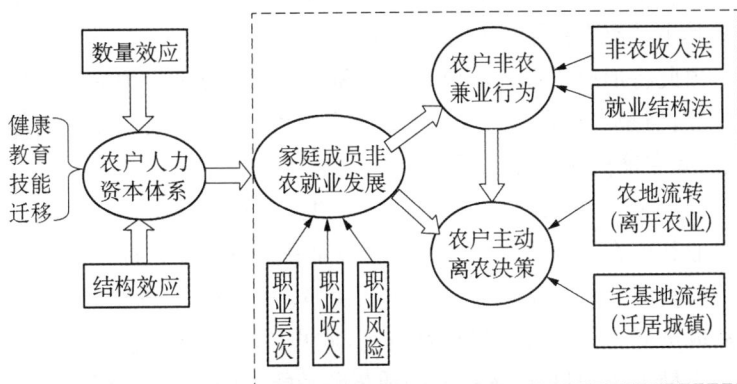

图2-2 人力资本与农户兼业、离农决策之间的传导机制

农决策之间关系的理论传导机制。

3. 农户人力资本双重属性对兼业发展与离农行为的作用机理与理论假说

进一步地,我们围绕农户人力资本的双重属性对农户兼业发展与离农决策行为的作用机理进行探讨,并提出以下若干理论假说:

(1)基于家庭成员个体决策层面的农户人力资本数量效应。农户兼业和离农行为首先表现为不同家庭成员在非农就业行为的个体决策,这其中人力资本因素发挥了重要作用。一方面,农民选择非农就业与其自身人力资本之间呈现显著正向相关关系,当农民人力资本禀赋水平越高,其个体非农就业竞争能力越强,越具备获取更高非农收入水平从而增强其本人及家庭最终离农化迁移倾向的经济能力;而另一方面,人力资本也构成对个体未来能力与风险预期的重要影响,个体人力资本水平越高,其对未来非农化发展能力预期水平也越高,越能形成良好的离农化心理基础。而农户是由不同成员所构成的,因此,农户总体人力资本水平将直接取决于所有成员的个体人力资本存量均值,其他条件既定,当均值数越大,意味着该农户总体人力资本水平也越高,则家庭总体现实与未来预期的非农就业发展

能力和水平也越强,也越有利于提升兼业农户家庭非农化比重,进而
增强其主动离农决策的意愿和能力。

由此将形成了理论假说1:**人力资本农户对兼业行为影响存在数量效应,当家庭成员人力资本均值水平越大,则农户兼业非农化程度越高,其主动离农意愿越强。**

(2)基于家庭整体决策层面的农户人力资本分布结构效应。农户兼业和离农行为也体现为农户围绕家庭整体发展目标而对所有家庭劳动资源有效分工与配置的整体决策。依据农户理论观点,农户家庭成员能力结构具有异质性特征,农户以追求家庭总收益最大化和风险最小化为目标,依据不同成员劳动能力的差异,实现家庭内部劳动资源在农业和非农领域的分工和优化配置。

由于人力资本与农民非农就业之间存在着显著正向传导机制,因此人力资本因素构成了农户家庭内部劳动分工特别是非农劳动供给决策的基础,无论是基于收入因素还是风险控制因素,农户都倾向于将较高人力资本禀赋的家庭成员优先配置在非农领域,而将较低人力资本程度的成员倾向于留在农业领域,这样,农户在农业/非农领域的劳动投入程度本质上是由拥有较高和较低人力资本家庭成员之间结构比例决定的。其他条件既定,农户人力资本结构差异度越大,农户劳动力的异质性程度越高,越能形成农户在农业与非农领域的劳动分工深化,进而农户兼业行为愈发明显;同时,受低人力资本成员对未来预期不确定风险的"短板效应"影响,即便由个别高人力资本成员的"收入贡献"短期提升了农户家庭总体非农收入水平,农户也难以形成最终割舍"土地保障"情结而选择离农的心理准备。

由此形成了理论假说2:**人力资本对农户兼业行为存在结构效应,农户人力资本离散度越高,家庭成员间人力资本差异度越大,农户兼业化倾向愈显著,其主动离农意愿越弱。**

(3)不同能力维度人力资本应具有差异性影响效应。按照舒尔茨的观点,人力资本存在着基于健康、教育、技能与迁移等不同投资途径形成的多种能力类型特征,因此在既定情形下,每种人力资本类

型对农民个体能力特别是非农就业能力将存在不同边际贡献,进而构成对农户兼业行为及其离农决策的不同影响。

由此形成了理论假说 3:**不同类型人力资本对农户兼业行为及其离农化意愿将存在差异化影响特征。**

本书第 4 章～第 6 章将分别构建定量模型,并运用长三角地区农户调研数据,对上述理论机制与研究假说进行实证验证。

2.4　本章小结

本章主要基于农户家庭整体视角,围绕人力资本与农户兼业及离农行为之间的理论关系进行了研究。首先综述了非农就业理论、人力资本理论与农户劳动供给理论等相关基础理论,进而分析了我国改革开放以来农村社会经济体制改革与结构转型进程中农民兼业行为的形成、演变特征与衡量方式,探讨了兼业农户离农化的涵义与离农决策的形成机制,分析了基于不同背景层面下的兼业农户离农化模式类型及其决定因素;重点研究了农户人力资本双重属性及其对农户兼业行为演变与离农决策的作用机理与总体框架,最后提出了若干重要理论研究假说,从而为后面的实证研究提供了相应的理论分析基础。

第 3 章
长三角地区农户兼业与离农行为的现状分析

3.1　调研样本与数据来源

　　本书选择以长三角地区作为调研的样本区域选择,长三角地区作为我国东部沿海经济较发达区域之一,面临着率先实现推进新型城镇化和农村"四化协调发展"的战略任务,而其中促进兼业农户深度分化与主动离农化发展十分必要,因而符合本书研究的地区要求。

　　基于本书研究内容与研究目的需要,课题组确定了调研对象为长三角核心区——苏浙沪 16 市的抽样农户家庭,调研时间为 2012 年 2 月—2013 年 2 月。具体调研样本抽样方法是,先按照区域经济水平差异对调查地区类型进行划分。根据 2011 年长三角统计年鉴数据,2010 年 16 个城市地区人均 GDP 排名依次为:苏州、上海、无锡、杭州、宁波、台州、南京、常州、绍兴、舟山、镇江、嘉兴、湖州、扬州、南通和泰州。为了考虑区域差异因素,本书将位于前 8 位城市列入一类地区(更发达地区),而其余列入二类地区(次发达地区);其次以随机非等距原则抽取每类地区市中的 1—3 个市(县)作为实际调查区域,每个市(县)再以经济发展水平随机选取 5—6 个自然村或社区,每个村随机抽取 10 户左右的兼业农户,以户主作为调研对象发放问卷,由研究小组中受训过的江苏大学管理学院当地生源本科生和研究生指导填写并进行部分访谈。

　　本书把基本调研对象确立为样本区域内的不同兼业农户,同时考虑到当地农村经济发展特点及城镇化征地进程,将样本农户进一步细分为两类：

一类为近三年以来没有发生过征地行为的兼业农户,称之为一般兼业农户。其未来面临着离农化发展预期,我们将按照家庭不同兼业程度及类型对该类农户进行分层抽样并进行调查。

另一类为近年来已存在因征地而导致不同程度离开农地或离村迁居的兼业农户,我们称之为被征地兼农。显然,被征地兼农事实上已经发生离农行为,但这种离农行为具有"外力作用"下的某种"非自愿"、"强制性"特征,而本书更关注被征地兼农是否具有"自愿""主动"离农意愿与倾向,这与前类离农模式存在根本性的区别,同时,基于不同离农模式情形下可能对被征地兼农后续的经济行为和市民化能力分化产生深远影响,这也符合本书的核心研究目标。此外,在对该类农户样本的调查取样时,则主要从所征地规模占家庭土地总数的比例程度(a)进行考虑和划分,大致分为:低度征地型(a<50%)、中度征地型(50%≤a<90%)和高度征地型((90%≤a)三类,其中高度征地型又可称之为完全征地情形,而前两种则统称为不完全征地情形。

综合以上考虑,同时,基于适应性与可控性原则,调研过程共发放总问卷数为3000份,累计回收2468份,剔除其中一些关键信息填写不完整的以及单亲、无劳动能力等特殊家庭样本,得到符合本书研究要求的有效兼业农户样本为1894份,其中,发生过大规模征地行为(征地率a≥90%)的被征地兼农样本为858份,未发生征地或不完全征地(征地率a<90%)的一般兼业农户样本为1036份。地区构成方面:经济较发达的一类地区1002份,而经济相对次发达的二类地区892份。各地区实际回收有效样本分布为:上海金山区137份,江苏常州185份(武进103、溧阳82),无锡202份(宜兴114、惠山区88),苏州243份(张家港76、太仓73、昆山48、虎丘区46),常州135份(武进区63、溧阳72),镇江245份(润州区165、丹阳80),南通253份(启东65、海安93、通州区95),泰州姜堰144份,浙江嘉兴嘉善120份,宁波奉化100份,绍兴诸暨130份。样本农户的具体分布与数据特征见表3-1:

表 3-1　长三角兼业农户调研样本变量与描述统计

一级指标	二级指标	代码	备注	均值	标准差
1. 农户主要成员就业变量	男	非农就业(E)职业层次	Em1	农业或无业=0;农民工=1;雇工=2;个体户=3;技术人员=4;管理人员=5	2.496	1.203
		收入水平	Em2	工资收入：元/月	3232	3211.7
		风险程度	Em32	与单位是否签劳动合同？是=1,否=0	0.576	0.494
			Em33	是否参加社会保险？是=1,否=0	0.56	0.497
		个体人力资本特征(Im)				
		年龄	Im1	岁	41.98	7.117
		文化程度	Im2	小学以下=1;初中=2;高中或中专=3;大专以上=4	2.538	0.856
		健康	Im3	经常生病=1;较差=2;一般=3;良好=4	3.215	0.466
		技能	Lm4	无技能=1;有简单操作技能=2;有较熟练操作技能=3;有专业技能=4	2.569	1.496
	女	非农就业(E)职业层次	Em1	农业或无业=0;农民工=1;雇工=2;个体户=3;技术人员=4;管理人员=5	1.96	1.21
		收入水平	Em2	工资收入:元/月	2148	1998.5
		风险程度	Em32	与单位是否签劳动合同？是=1,否=0	0.483	0.5
			Em33	是否参加社会保险？是=1,否=0	0.439	0.497
		个体人力资本特征(In)				
		年龄	In1	岁	40.21	7.156
		文化程度	In2	小学以下=1;初中=2;高中或中专=3;大专以上=4	2.301	1.886
		健康	In3	经常生病=1;较差=2;一般=3;良好=4	3.247	0.494
		技能	Ln4	无技能=1;有简单操作技能=2;有较熟练操作技能=3;有专业技能=4	2.16	0.78

续　表

一级指标	二级指标	代码	备注	均值	标准差
2. 农户特征变量	劳动力数	F0	家庭中具有劳动能力的就业人口数	3.034	1.171
	子女因素	F1	有无15岁及以下子女？有＝1；无＝0	0.683	0.225
	老人因素	F2	有无70岁以上老人？有＝1；无＝0	0.47	0.499
	社会资本	F3	亲戚有无乡村或企业干部？是＝1；否＝0	0.344	0.472
	农业资源	F4	农户拥有的耕地规模(亩)	2.211	1.833
3. 家庭区域变量	地区类型	H1	以2010年长三角16城市人均GDP排名确定，一类地区＝1，二类地区＝0	0.55	0.43
	家庭所在地	H2	距离中心城镇≤15公里为近郊，反之远郊，近郊＝1；远郊＝0	0.462	0.486
	征地因素	H3	所在村过去是否发生过中等程度以上地征用拆迁(a≥50%)？是＝1；否＝0	0.753	0.392
4. 农户人力资本变量	健康人力资本(X1)		以农户成员自我健康评价衡量，其中：良好＝4；一般＝3；较差＝2；经常生病＝1；		
	数量指标	$\overline{X_1}$	农户家庭的平均健康人力资本水平	3.233	0.431
	结构指标	Xm_1	农户家庭的健康人力资本差异度	0.16	0.402
	教育人力资本(X2)		以农户成员的受教育年限(年)衡量，其中：文盲半文盲＝1，小学＝5，初中＝8，高中(中专)＝11，大专＝16，本科及以上＝24		
	数量指标	$\overline{X_2}$	农户家庭的平均教育人力资本水平	9.302	3.203
	结构指标	Xm_2	农户家庭的教育人力资本差异度	1.886	2.678
	技能人力资本(X3)		以农户成员所从事现有非农职业的工龄衡量(年)，其中：无业或农业设为0		
	数量指标	$\overline{X_3}$	农户家庭的平均技能人力资本水平	8.624	5.631
	结构指标	Xm_3	农户家庭的技能人力资本差异度	6.206	7.274

一级指标	二级指标	代码	备注	均值	标准差
4. 农户人力资本变量	迁移人力资本(X4)		以农户成员所从事现有非农职业的地点表示,其中:本村=1,出村在本镇=2,出镇在本县(市)=3,本县之外其他中小城镇=4,大中型城市=5,而农业和无业统一设为0		
	数量指标	$\overline{X_4}$	农户家庭的平均迁移人力资本水平	2.116	0.83
	结构指标	Xm_4	农户家庭的迁移人力资本差异度	0.827	1.137

注:①表1栏的农户主要成员是指户主夫妻双方,简称男女,我们用以衡量基于家庭就业分工的农户兼业类型;②表4栏的农户人力资本变量则采取以家庭所有劳动成员(不仅限夫妻双方,还包括其他一些具有非农收入的次要劳动成员)的人力资本值用于计算农户人力资本的数量与结构水平。

3.2　长三角地区农户兼业行为特征的比较分析

为了深入揭示长三角地区不同农户兼业行为模式与特征状况,本节将运用第二章所阐述的不同农户兼业衡量方法对样本地区农户数据进行比较研究。基于调研数据的可获得性考虑,这里仅侧重从收入法与就业形态法角度进行考察。

3.2.1　基于收入法的农户兼业水平比较

根据陈晓红(2007)等学者的观点,以农户家庭收入中的非农收入比例 φ 对兼业水平进行衡量,当 $\varphi<10\%$ 时为纯农户,$10\%\leqslant\varphi<50\%$ 为一兼户,$50\%\leqslant\varphi<90\%$ 为二兼户,而 $\varphi\geqslant90\%$ 为非农农户。我们基于收入法对长三角样本地区兼业农户及其特征变量进行了统计比较分析,结果见表3-2:

表3-2数据显示,当前我国长三角地区兼业农户总体非农化水平较高。样本地区农户形态中,具有高度非农化特征的二兼户与非农农户的总样本为1765户,合计占比高达93.2%,其中非农农户比

表 3-2　基于收入法的长三角农户兼业水平比较

样本分布 变量	一兼户 (129, 6.8%)	二兼户 (718, 37.9%)	非农户 (1047, 55.3%)
农户健康人力资本数量水平 $\overline{X}_1$	3.193(0.564)	3.26(0.444)	3.478(0.388)
农户健康人力资本结构水平 Xm_1	0.357(0.479)	0.188(0.422)	0.117(0.367)
农户教育人力资本数量水平 $\overline{X}_2$	7.757(3.419)	8.756(3.001)	9.866(3.183)
农户教育人力资本结构水平 Xm_2	2.086(2.655)	1.919(2.65)	1.839(2.569)
农户技能人力资本数量水平 $\overline{X}_3$	8.864(5.086)	8.312(5.487)	9.052(5.907)
农户技能人力资本结构水平 Xm_3	11.986(9.132)	6.405(7.538)	5.362(6.457)
农户迁移人力资本数量水平 $\overline{X}_4$	1.636(0.717)	2.122(0.832)	2.171(0.822)
农户迁移人力资本结构水平 Xm_4	1.729(1.264)	0.931(1.231)	0.646(0.982)
户主年龄 W1	43.829(9.356)	40.003(9.443)	40.041(8.466)
家庭劳动力数 F0	3.271(1.576)	3.038(1.106)	3.002(1.152)
子女因素 F1	0.257(0.437)	0.481(0.5)	0.483(0.51)
老人因素 F2	0.503(0.23)	0.468(0.512)	0.452(0.484)
社会资本 F3	0.329(0.47)	0.341(0.474)	0.333(0.471)
农业资源(耕地面积)F4	2.693(1.536)	2.104(1.778)	1.865(1.626)
距离中心城镇距离 H2	21.287(12.534)	19.089(14.584)	16.316(13.107)
征地因素 H3	0.343(0.497)	0.439(0.49)	0.494(0.488)
一类地区占本区样本的比例 H1	63, 48.8%	365, 50.84%	574, 54.82%

注:表中各变量数值为均值,()内为标准差

例更高达 55.3%,但非农化程度偏低的一兼户数仅为 129,所占比例不足 7%,而实地调研中,我们搜集到的纯农户样本更是极少(不到 20 个)。对于纯农户样本偏少的解释,固然不排除有课题组在样本抽取上的局限,但考虑到长三角地区作为我国农村非农经济高度发达区域,事实上,早在 20 世纪 80 年代末期,一些地方政府(如苏南)就将"消灭纯农户"确立为当地农村发展目标之一,因此这是可以接受的。后文的实证研究章节我们将忽略该类型农户,而侧重讨论一兼业、二兼业与非农农户等三类农户形态;而在地区类型上,不难发

现,一类地区的农户非农化程度平均要大于二类地区,在地区构成比例上,一类地区的二兼户占总二兼户样本比例为 50.84%,而一类地区的非农户比例更高达 54.82%,均超过了二类地区比例水平。

在农户特征方面,通过比较发现,户主年龄(W1)层面,从事一兼业的农户户主年龄最大,平均为 43.829 岁,而二兼户与非农户的户主年龄则十分接近,为 40 岁左右,这从某种层面反映了目前长三角地区从事农业的劳动人口年龄结构偏大的特征;在农户家庭拥有耕地等农业资源(F4)方面,呈现出与兼业非农化程度的显著负相关关系,即农户拥有人均耕地面积越大,越倾向于农业兼业,农地资源状况构成了农户从事农业行为的核心要素;而距离中心城镇距离 H2 变量与征地因素 H3 变量的均值与离散度水平表明,总体而言,区域非农化发展环境与状况构成了对农户非农化兼业程度类型的直接而又显著地影响。

进一步对农户人力资本状况与不同农户兼业程度之间关系进行考察,我们发现,人力资本构成了影响农户兼业程度的重要变量。一方面,在农户人力资本数量($\overline{X_i}$)层面上,除了健康作为负向指标是递减之外,教育、技能以及迁移等农户人力资本形态的数值水平,存在较为显著的一兼户<二兼户<非农农户的递增特征,暗示了农户非农化兼业程度与农户总体人力资本水平可能存在某种正向关联,农户平均人力资本水平越高,越倾向于高度非农化发展;而另一方面,人力资本结构层面(Xm_i)层面,所有农户人力资本形态的结构差异水平数值上,存在一兼户>二兼户>非农农户的递减特征,揭示了农户非农化兼业程度与农户人力资本结构差异度存在负向关系,即农户内部人力资本结构差异度越高,越不利于农户非农化发展,这初步支持了本书的理论假设。

3.2.2 基于就业结构法的农户兼业水平比较

我们进一步运用就业结构法,对长三角不同样本地区农户兼业状况进行了比较分析,结果见表 3-3:

表 3－3　基于就业结构法的长三角农户兼业水平比较

地区类型	半兼业 i 型		全兼型	半兼业 ⅱ 型		名义型
	男兼	女兼		男兼	女兼	
一类地区	86＋6* (9.19)	38 (3.78)	175 (17.48)	62 (6.13)	126 (12.61)	462＋38▲＋8◇ (50.81)
二类地区	71＋11* (9.15)	22 (2.49)	216 (24.32)	59 (6.65)	157 (17.67)	301＋52▲＋5◇ (39.71)
合计	174 (9.17)	60 (3.19)	391 (20.66)	121 (6.37)	282 (14.96)	866 (45.66)

注:()内为相应构成比例%

　　上表为基于就业结构法下对长三角 1894 户农户兼业形态划分,需要指出的是,在实地调研中,课题组发现了样本区部分农户家庭存在一些特殊就业组合形态,我们对此采取了如下的近似归类处理:

　　(1)一方为非农就业,而另一方则为农业。共涉及 17 户(见*),进一步分析发现其非农职业地点选择一般是本县以外,具备欠发达地区外流农民工特征,因此可将其纳入半兼业 i 型。

　　(2)一方为非农就业,另一方(多数为女性)为无业,涉及女性无业的 80 户(见▲),男性无业的 13 户(见◇)。通过访谈得知,这种情形有两种可能,一种是由于一方的非农职业层次和收入水平较高,足够养家,因此另一方选择自愿退出劳动,照顾家庭;另一种则由于当地非农化或农业产业化高度发展,农地被大量征用或集体转包,离地农民自愿或非自愿无业状况,考虑到两种情形都与非农化因素有关,因此我们不再区分具体情形,而将其统一纳入名义兼业型进行分析。

　　分析表 3－3 数据发现,从就业结构法角度看,当前长三角地区农户兼业结构类型总体也呈现多样化态势,总样本区内各类兼业形态都广泛存在,但农户兼业的非农化程度较高,其中半兼业 ⅱ 型与名义型兼业合计所占比例高达 67%,这与上述从收入法角度衡量结果相一致。

进一步对不同地区进行比较分析,总体而言,两类地区在半兼业 i 型比例相差无几,但在其他兼业形态分布上存在显著差异,其中经济更发达的一类地区在名义型兼业的比例高达 50.81%,比二类地区高出 10% 以上,而后者在全兼业型和半兼业 ii 型的比例则均超过前者,反映了区域农户非农化兼业程度客观上与当地非农化经济发展水平之间存在着紧密联系,这也进一步验证了基于收入法角度的研究结论。

通过考察两类半兼业型中的男女兼业比例发现,样本区总体男性非农就业率要高于女性,根据表 3 - 1 数据也显示,男性在非农职业层次、收入水平和职业安全风险度等方面要优于女性,这反映了长三角等经济发达地区农户总体依然存在着"男主外、女主内"传统就业格局,但从上述地区特别是一类地区的名义型兼业迅猛发展态势,也昭示了这一格局有不断瓦解趋势,未来将有越来越多的农村女性劳动者从家庭走出而步入非农就业行列。

我们运用收入法和就业结构法等两种不同方法对长三角地区农户兼业状况进行了实地调研与统计分析,纵观基本分析结果,虽然两种方法的理论涵义与测算方式有所差异,但所形成的结论却趋于一致:

(1)作为我国经济较发达的长三角地区,农户总体非农化兼业较为普遍,且兼业模式和形态趋于多元化;

(2)区域非农化经济条件构成了农户非农兼业发展的重要外部推力,经济发展程度与农村非农产业水平相对较高的一类地区比相对偏低的二类地区,其总体农户兼业的非农化程度水平也相对更高;

(3)家庭微观因素对农户兼业行为具有重要影响。无论是家庭土地资源、家庭总体人力资本因素社会资本以及户主非农就业状况等因素都构成了对农户兼业模式与程度的直接而又显著的影响,这构成了本书的核心研究主题,下章将运用计量模型对此进行进一步深度实证研究。

3.3 长三角地区兼业农户离农化倾向的比较分析

3.3.1 不同类型兼业农户离农化倾向的比较

我们进一步对长三角样本地区兼业农户的离农状况进行考察,根据之前理论章节对农户离农化内涵的界定,课题组以兼业农户离农意愿为中心的离农倾向调查,在调研问卷中将离农化指标设计为两个独立项目:①"你是否愿意流转土地? 是＝1,否＝0";②"你是否愿意流转宅基地并迁居城镇? 是＝1,否＝0",通过计算受调查农户的正向意愿作为测定离农化程度的基本依据,并分别针对每个选择愿意或不愿意的项目,进一步设计了相应可能性原因调查选项组合(可多选),这样,可根据调研数据结果对长三角样本地区兼业农户离农化程度与基本特征进行比较分析(见表3－4,3－5)。

表3－4　基于收入法划分的兼业农户离农倾向比较

离农模式 兼业 类型	总户数	愿意流转土地(离地)		愿意迁居城镇(离居)	
		户数	占比(%)	户数	占比(%)
一兼户	129	31	24.29	57	44.29
二兼户	718	245	34.10	375	52.16
非农户	1047	565	53.93	687	65.62
小计	1894	841	44.40	1119	59.07

注:由于兼业农户存在着流转土地和迁居城镇选项的多选情形,所以两者之和大于总农户数,下表同。

表3－5　基于就业结构法划分的兼业农户离农倾向比较

离农模式 兼业 类型	总户数	愿意流转土地(离土)		愿意迁居城镇(离居)	
		户数	占比(%)	户数	占比(%)
半兼业 i 型	234	64	27.34	106	45.31
全兼型	391	104	26.64	175	44.86

兼业 类型	离农模式 总户数	愿意流转土地(离土)		愿意迁居城镇(离居)	
		户数	占比(%)	户数	占比(%)
半兼业ⅱ型	403	175	43.44	250	61.99
名义型	867	499	57.51	588	67.86
小计	1894	841	44.40	1119	59.07

　　对比表3-4和表3-5中的兼业农户调研数据,同样发现,无论是运用何种兼业测算方法,农户离农化意愿水平与其兼业非农化程度呈正相关关系,农户越是从事非农化程度更高的兼业行为,其主动离农意愿越强。表3-4显示,二兼户与非农户中愿意流转土地的农户比例为34.1%和53.93%,愿意迁居城镇的农户比例更高达52.16%和65.62%,均超过一兼户中的比例;类似地,表3-5中从事半兼业ⅱ型与名义型等高度非农化兼业农户中“愿意流转土地”和“愿意迁居城镇”离农倾向的农户比例也显著高于从事半兼业ⅰ型和全兼型等低度非农兼业农户,这从另一个侧面揭示了非农就业发展因素是推动农户离农化的重要力量,当家庭成员的非农就业水平不高,农户非农收入比例越低,兼业非农化程度也将偏低,进而将降低农户家庭的离农化意愿。

　　进一步比较农户离农化两类形态的分布比例,课题组发现一个值得关注的现象,即总体上长三角地区兼业农户“愿意迁居城镇”的比例反而要超过“愿意流转土地”的农户比例,这与常规迁移理论相悖,逻辑上,农户离农化发展应遵循先从第一阶段放弃农地权离开农业→再到第二阶段离开农村迁居城镇的演化次序,但课题组调研中发现,在长三角样本地区,这种迁移次序面临被颠覆,实际中存在一部分高度非农化兼业的农户,其家庭成员即便已经长期从事非农就业并居家迁居城镇生活,但仍坚持保留农村土地经营权,甚至宁愿土地抛荒也不愿流转,从而呈现出某种“反向离农化”发展规律。

　　究其原因,我们认为这可能与现有农村土地产权制度缺陷有关,在现有农村集体土地法律制度下,农户仅享有农地承包经营权与宅基地使用权,但却不享有自由流转处置与收益等土地产权属性,而后者最终由村集体拥有,因此,在土地非农化流转中的土地权益分配上,农民所拥有农地承包权如何参与分配尚属法律真空,这将导致农民能分享到的土地流转收益得不到足够保障,这无疑大大降低了农户主动参与流转农地或宅基地等离农行为的意愿。因此,当前长三角地区所呈现出的一部分非农化兼业农户对参与农地流转离开农业的意愿不高,很大程度是基于农户对农地流转的价值动机有关,而并非是其内心深处割舍不了农业生产。从图3-3中也可发现,"今后会拆迁,土地补偿是一笔大资产"选项位列农户不愿意流转土地的第二大因素(达534人次,占比34.4%),仅次于排在第一的"土地是命根子,全家生活保障"这一传统土地情结因素。

　　对于调查结果中所反映出的农户"反向离农化"特征,课题组认为,这当属本书调查设计上的技术偏差所致,由于本书在兼业农户离农化调研问卷设计中,围绕第二阶段离农模式考察仅设计了"您的家庭是否愿意迁居城镇"调查项目,而没有涉及"是否愿意流转宅基地"问题,因此当前农户对迁居城镇意愿的高比例性调查结果,并不能完全反映多数农户是否能真正实现理论意义上的深度离农化模式——即通过流转宅基地而最终彻底离开农村。事实上,结合上述农户对农地流转意愿的低倾向性,可以进一步推论,当前农村土地制度的产权缺陷势必也极大制约了农户主动参与流转宅基地的意愿与群体规模。从实地调研观察中发现,确实存在一些农户家庭其虽然已举家居住在周边城镇甚至一些大中城市就业与生活,并常年很少回农村老家,却依然坚持拥有老家屋产、宅基地及自留地不放弃,宁愿长期空置甚至荒芜等现象,从而导致了诸如"村庄凋敝"等一系列严重社会问题的产生。但就从课题组现有调查结果也充分揭示了这一事实:即当前长三角地区农户尤其是高度非农化兼业农户,其内心深处存在着强烈的彻底离农化意愿,只要构筑实现农民自由抉择权与保障其土地等合法财产权益的制度"东风",可以形成推动农村新一轮改革发展的良好态势。

可喜的是,在党的十八届三中全会关于深化改革的若干重要问题决定中,已明确把进一步探索深化农村土地制度改革,充分保障和促进农民围绕土地的合法处置、流转与收益权益等领域改革,作为突破城乡经济要素市场化配置瓶颈。而本书的研究表明,至少在经济发达的长三角地区农村,农民主动非农化意愿是较为强烈的,只要有关部门在推动城镇化和农村土地等经济要素非农化变迁进程中,能够切实将维护和体现农民作为农村经济主体和要素所有者的核心角色,保障其获得在非农化转型中由法律赋予的各项权利,重视构建对其及家庭离农化后的非农就业发展和社会保障等公共服务,形成对其市民化转型发展的系统能力扶持和外部环境支持,这样将有力地推动新型城镇化战略的实施,从而为促进农村新一轮经济社会结构的深度转型,实现新时期城乡一体化与农村"四化"协调发展目标的实现奠定重要基石。

3.3.2 兼业农户选择离农/不离农的因素分析

研究者进一步对农户不同层次离农化意愿的原因进行调查,分别设计了基于"愿意/不愿意流转土地"和"愿意/不愿意迁居城镇"的可能性原因测量项目,调研对象可结合其自身感知状况进行判断(可多选),具体结果如图3-1~图3-2。

1. 兼业农户愿意离农的因素构成

——兼业农户愿意流转土地的因素方面。图3-1结果显示,"全家都在外工作,无人种田"、"种田不如打工划算,已有较高收入"选项占据了受访兼业农户愿意流转土地因素中的前两位,累计比例高达52.6%,表明了家庭成员非农就业发展构成了农户最终愿意流转土地的关键因素,这进一步验证了本书的理论观点;其次,"在城镇拥有住房"和"征地补偿有保障"两个项目累计比例为31.1%,反映了农户现有非农化生活水平以及征地后的相应保障因素,也构成了其是否愿意流转土地的不可忽视因素之一。

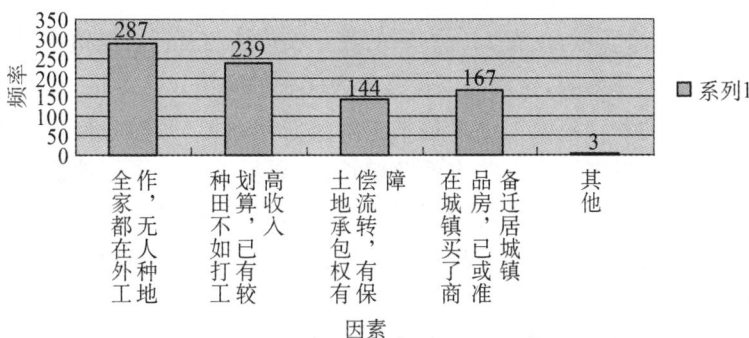

图 3 - 1　兼业农户愿意流转土地的因素

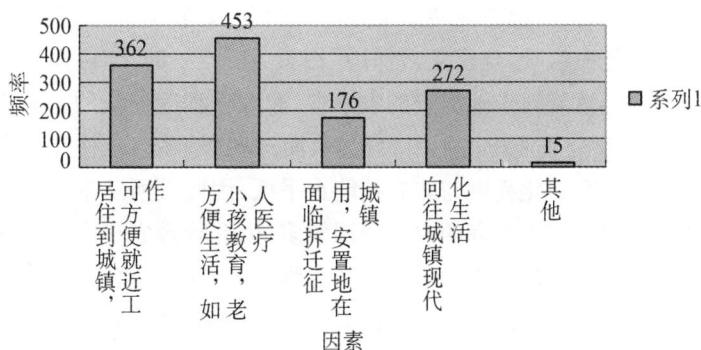

图 3 - 2　兼业农户愿意迁居城镇的因素

　　——兼业农户愿意迁居城镇的因素方面。从图 3 - 2 可见,排在前三位的因素依次为"城市生活便利"、"城市就业方便"和"向往城镇现代化方式",调查结果显示,上述三类因素累计所占比例高达 85.7%,这三类项目本质上都属于一种相比农村而言的城镇化推拉作用效应,而表明长三角地区的兼业农户尤其是部分高度非农化的兼业农户内心深处存在着对城镇市民化发展的追求夙愿,其构成了推动离农化行为的内在动力,这也昭示了长三角兼业农户具备主动离农化倾向。理论上,征地拆迁作为一种强制性制度变迁因素,其对农户离农化的推动本质属于某种"外生被动行为",而非农户的内生型主动行为。

图 3-2 显示,仅有 14% 左右的兼业农户认为其迁居城镇主要受征地拆迁因素影响,这表明以长三角为代表的经济发达地区,高度非农化兼业的农户事实上已具备了主动离农化意愿,其内在推力是当地非农经济发展和农户非农就业增长,只要妥善解决了征地拆迁中农民合法权益保障问题,就不会出现违背农户意愿的"被征地"与"被动离农"倾向,就能够促进兼业农户主动离农化与成功城镇市民化转型的良性发展。

2. 兼业农户不愿意离农的因素构成

进一步考察导致兼业农户不愿意离农的因素构成与特征:

——在农户不愿意流转土地方面。图 3-3 显示,首先排在第一的是"土地是命根子,全家生活保障"因素,占比为 38.6%,而上文分析显示,不愿意流转土地离农的农户中,非农化程度偏低的一兼业和半兼业 i 型及全兼业户占了很大比例,而这些兼业农户,往往户主年龄偏大,受教育文化程度与非农技能水平低,因此其所从事的非农职业层次也不高,加之家庭的农地资源较多,因此导致农户家庭整体对土地生计依赖性很高,进而形成了较为强烈的传统土地情结。

其次,在农户不愿意流转土地因素中排在第二位的是"今后会拆迁,土地补偿是一笔大资产"(占 34.4%),表明土地价值动机也构成了一部分兼业农户不愿意流转土地并彻底离开农业的重要原因,结合上文的分析判断,当前长三角地区一些高度非农化兼业农户的土地流转与离农决策很大程度是与其内在土地价值动机有关,而现阶段农村土地制度的产权缺陷使得农户土地权益缺乏足够保障,从而直接导致了兼业农户土地流转意愿的降低。

值得注意的是,长三角受访农户不愿意流转土地原因中,"打工收入低且不稳,不够养家"因素排在第三(共 271 户),"我及我的家庭只会种地,不会干别的"因素排在第四(共 108 户),两者本质上属于非农就业因素,其累计比例也高达24.4%,这昭示了农户非农就业发展也构成了其愿意持续流转土地而离开农业的重要因素,当兼业农户核心劳动成员(如户主)所从事的非农就业程度与水平越低,农户家庭无论是离地还是离村等主动离农意愿也越弱。

此外,课题组调查发现,长三角样本地区还存在一些导致兼业农户不愿意流转土地而离开农业的"其他"类型特殊因素(见图3-3中,共40户),这些因素涉及:"家里有老人,老人不同意撂田"、"一旦把地丢了,再想要就没有了,想来就发慌"、"现在市场上农产品质量差,还是自家种的粮食与菜吃起来安全放心",等等,虽然上述因素五花八门,所占比例也不高,但这也确实反映了农民在土地流转与离农决策方面所体现出的谨慎性、复杂性与理性化等多重行为特征。

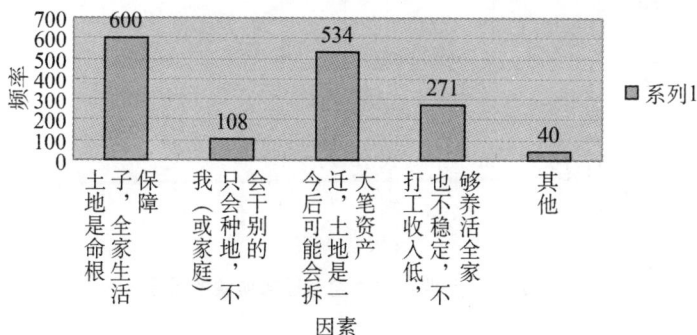

图3-3 兼业农户不愿意流转土地的因素

——农户不愿意迁居城镇的因素。从前文对长三角兼业农户迁居城镇意愿的调查结果可知,总体上样本地区农户愿意迁居城镇的比例较高,有高达1119个农户明确愿意迁居城镇,约占总样本比例的近六成,而明确表示不愿意迁居城镇的农户则仅有775个,占比仅四成左右。这表明长三角地区受20世纪80年代以来的以乡镇企业、民营经济以及小城镇建设等为代表的农村非农化长期持续高度化发展,构成了对当地城乡发展结构与农户生产生活模式转型的深远影响,大多数高度非农化的兼业农户已逐步积累了从经济、社会到心理等多个层面对城镇化转型与适应的种种条件,具备了较为强烈地彻底离开农村而迁居城镇的倾向;同样地,总体上兼业农户非农化程度与其迁居城镇意愿程度呈现显著正相关关系,非农化程度越高,越愿意迁居城镇,反之则意愿越低。从图 3 - 4 针对不愿意迁居城镇兼业农户的因素调查中也进一步验证了这一点,受家庭成员总体非农就业水平偏低的影响,这些农户往往存在着对进入城镇可能面对的就业风险、收入与经济风险以及生活保障风险等诸多潜在风险的显著预期与强烈担忧,因而导致对离开农村迁居城镇行为的巨大排斥性。

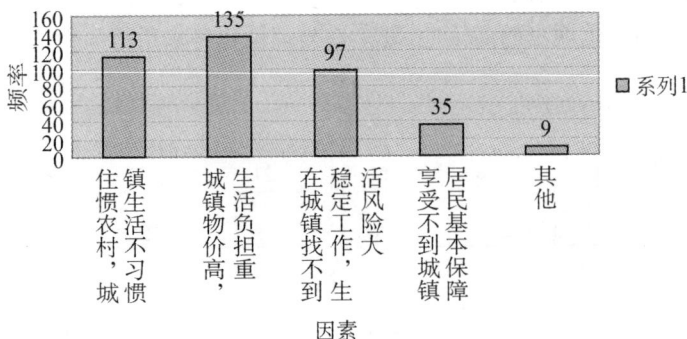

图 3 - 4 兼业农户不愿意迁居城镇的因素

3.4 本章小结

本章主要在前文理论分析的基础上,运用长三角 1894 户农户实地调研数据从不同层面对样本地区农户特征、兼业行为及其离农化倾向关系作一平面式比较分析。主要结论为:

(1)当前长三角地区农户兼业行为较为普遍,存在着多种形态及类型的兼业。无论是运用收入法还是就业结构法等不同衡量兼业方法进行考量,都发现长三角农户的总体非农化程度较高,非农化兼业形态占据了主导地位,其中,非农收入占家庭总收入比重超过90%以上的非农农户以及家庭主要成员都完全从事非农就业的名义型兼业,具有高度的非农化兼业性质,而上述类型兼业农户比例占了总样本的一半以上,相比而言,非农化程度偏低的农业兼业与半兼业ⅰ型所占比例均较少,而纯农户更是微乎其微。

(2)区域非农化经济条件构成了农户非农化兼业发展的重要外部推力,经济发展程度与农村非农产业水平相对较高的一类地区比相对偏低的二类地区,其总体农户兼业的非农化程度水平也相对更高;与此同时,家庭微观因素对农户兼业行为具有重要影响。无论是家庭土地资源、家庭总体人力资本因素、社会资本以及家庭成员非农就业状况等因素都构成了对农户兼业模式与非农化程度的直接而又显著的影响。

(3)兼业农户离农化模式存在两种基本类型:流转农地离开农业与迁居城镇离开农村,逻辑上,农户离农化进程应存在着两者的次序转换关系,即先流转土地离开农业再迁居城镇离开农村。通过对长三角兼业农户离农化意愿的调查发现,当前总体而言,样本区兼业农户存在不同程度的离农化意愿倾向,但愿意迁居城镇的农户比例要显著高于愿意流转农地的比例,导致当前长三角兼业农户离农化决策行为存在某种"反向离农化"发展规律。

(4)进一步考察长三角兼业农户离农决策因素及其"反向离农化"的形成机制,可以发现,当前农村土地制度产权缺陷以及基于人力资本差异下不同农户家庭的非农就业水平差距构成了影响农户离农与不离农意愿选择的两大核心动因,而其中由农户人力资本决定的非农就业因素对农户离开农村迁居城镇意愿和融入城镇市民化能力的形成具有决定性作用。

第 4 章

长三角地区农户兼业行为
影响因素的实证研究

　　在前面理论章节,探讨了农户兼业行为演变及其离农化决策过程的形成机理,在此基础上,提出了本书的一个重要理论研究假设命题,认为虽然影响农户兼业演化与离农行为的因素是多方面的,但其核心主线与直接推动力则是家庭成员的非农就业发展,而农户人力资本变量通过促进非农就业发展,构成了推动农户兼业演化与离农行为的重要内生因素,因此人力资本与非农就业构成了影响农户兼业与离农行为的两大核心变量;但与此同时,理论上农户人力资本变量、非农就业变量与农户兼业演变及离农化决策之间也存在如图 2-2 的正向传导影响机制。而在第 3 章,我们通过对长三角 1894 户兼业农户的实地调研数据进行一般统计描述与比较分析,对这一理论假说进行了初步探讨与检验,而从本章开始,至第 6 章,我们将分别从不同层面运用多种实证研究方法对上述理论假说进行深度验证。本章将首先从单变量视角,运用排序选择模型(OCM)和多重 LOGIT 模型等方法,基于长三角兼业农户调查数据,分别围绕非农就业与农户人力资本这两大核心变量对农户兼业行为的影响效应进行单变量实证研究。

　　本章的基本结构安排如下:第一节介绍将采用的实证研究模型思路与计量方法,并设计相应变量;第二节,构筑非农就业变量影响农户兼业发展的计量模型并进行分析;第三节,构筑农户人力资本变量对农户兼业发展的计量模型并进行分析,最后形成本章的研究小结。

4.1 模型思路与变量设定

从第二章中的图2-2理论分析架构出发,本章力图运用实证研究方法,将分别考察两大核心变量——家庭成员非农就业因素及人力资本因素其各自对农户兼业行为的影响效应,并进一步验证其理论关系。基于此目的,本章的实证研究将涉及到两个建模过程:

4.1.1 基于非农就业层面的农户兼业行为影响因素模型构建

1. 模型思路

本模型力图揭示家庭成员非农就业因素变量对农户兼业行为的影响效应。我们首先从非农职业层面设计反映家庭成员非农就业水平的不同维度指标,并作为本节研究模型的核心解释变量,而被解释变量是农户兼业行为类型。同时,为了突出就业属性的作用机制,我们也采用基于就业结构法对农户兼业类型的划分,并形成对被解释变量——农户兼业的赋值。则对于特定农户而言,其兼业类型具有如表2-1中的不同兼业阶段演变与类型选择次序特征,据此,可以运用排序选择模型(Ordered choice model)进行分析。具体形态为有序Probit模型。

2. 变量设定

以农户兼业结构类型(Y_i)为被解释变量,其分为半兼业 i 型、全兼业型、半兼业 ii 型与名义兼业型等四种选择,主要以表2-1中的农户家庭主要成员(简称男女)就业形态组合为衡量指标。

而核心解释变量为非农就业,运用非农职业(X)指标体系来反映非农就业变量水平,具体包括职业层次、职业收入与职业风险等三个层面,其衡量方法为:

(1) 非农职业层次($X1$)。社会学家陆学艺(2002)按照从低到高,把农民职业阶层分为8类:农业劳动者、农民工、雇工阶层、农民知识分子、个体劳动者与工商户、私营业主、乡镇企业管理者与农村管理者,由于本书侧重考察职业阶层因素对农户兼业行为的影响,出于简便易行考虑,我们在陆文的基础上,以农业或无业为参照值(赋值为0),将非农职业层次从低到高分为5类:农民工、雇工、个体户、技术人员以及管理人员,在具体划分上,农民工主要包括各类临时工;雇工是指企业中长期雇用的一线工人,个体户包括个体劳动者、农村工匠以及工商户;技术人员包括企业各类专业技术人员,如会计、营销等,也包括农村知识分子,如教师、医生等;而管理人员包括各类企业经营者与乡村干部。

(2)职业收入(X2)。以农户主要成员所从事的职业岗位当前月实际工资收入额衡量,其中农业或无业的职业收入假设为零;

(3)职业风险指标(X3),职业风险侧重反映劳动者可能面临的诸如失业等劳动权益受损和社会保障不足风险,本书以兼业农户主要成员户主夫妻双方所从事职业中"是否签订劳动合同"与"是否参加社会保险"两个指标衡量,其中"是=1","否=0";另外,考虑到性别因素,我们进一步对非农职业指标进行了基于男女不同层面的细分。

除了非农就业这一核心变量之外,我们借鉴相关研究成果,引入了一系列基于个体与家庭条件等相关因素作为模型的控制变量,运用长三角地区1894个农户失地调查数据进行实证分析,相关变量指标的统计描述与预期影响见上一章的表3-1。

4.1.2 基于人力资本层面的农户兼业行为影响因素模型构建

1. 模型思路

本模型力图揭示农户成员人力资本因素变量对家庭兼业行为的影响效应。具体模型构建思路为:在第2章相关理论分析的基础上,通过引入基于数量与结构等不同层面的农户人力资本变量,建立起与农户兼业行为类型之间影响关系的实证模型。由于农户人力资本的衡量是考虑所有农户家庭劳动成员(不仅限农户夫妻)的人力资本水平,涉及到对所有家庭成员的劳动贡献程度考察,因此这里选择运用就业法对农户兼业行为进行衡量。需要特别指出的是,虽然基于不同模型变量属性与数据采集特征,本书分别采取了两种不同的兼业度量方法与指标,但正如前文理论分析与实际调研中所揭示的,其实两种兼业衡量方法的内在机理是一致的,且实际结果差异也不大,因此,我们认为上述的研究设计并不会产生严重的矛盾或谬误之处,所形成的相应模型结果可以纳入到统一分析架构中进行讨论。

基于此,这里我们以收入法来度量农户兼业行为程度类型,以农户家庭收入结构中非农收入比例(φ)衡量兼业程度,其中 φ 值越大,表示兼业非农化程度越高,这样可根据 φ 值的不同区间分为 k 种兼业类型,取值为 1 到 4,分别代表纯农户、一兼户、二兼户与非农户,用 q_{ik} 代表既定条件下第 i 户样本农户发生第 k 种兼业类型的可能性,并假设当 $q_{ik}^* \geqslant 0$ 时,$q_{ik} = 1$,而其他情况下,$q_{ik} = 0$,这样可分别建立以不同农户兼业程度类型(Yi)为因变量,而解释变量包括农户人力资本结构变量(X)以及其他控制变量的系列二元选择模型,具体形态为二元 Logit 模型。

2. 变量设定

对于被解释变量农户兼业类型,以农户家庭收入结构中非农收入比例(φ)衡量兼业程度,本书采用陈晓红(2007)等多数国内学者关于农户兼业程度划分方法,当 $\varphi < 10\%$ 时为纯农户,$10\% \leqslant \varphi < 50\%$ 为一兼户,$50\% \leqslant \varphi < 90\%$ 为二兼户,而 $\varphi > 90\%$ 为非农农户。

而本模型中的核心变量——农户人力资本变量指标则主要从家庭整体层面进行衡量,即将家庭所有劳动成员(不仅限于农户夫妻双方)的人力资本数值水平进行计算,同时考虑人力资本不同能力维度,从而核算出能够反映农户人力资本数量与结构水平的指标体系,具体方法为:

我们将农户人力资本(Xi)进一步细分为健康、教育、技能以及迁移等 4 类人力资本变量;同时,基于理论分析,将农户人力资本体系细化为 2 层指标:

（1）数量指标，用均值 $\overline{X_i}$ 表示，计算方法为：$\overline{X_i} = \dfrac{\sum\limits_{j=1}^{n} x_{ij}}{n}$，其中 x_{ij} 表示特定农户的第 j 个家庭成员 i 类型人力资本存量数，n 为该农户的家庭成员数，设 $n \geqslant 2$。需要指出的是，这里的家庭成员是指家庭劳动成员。一般而言，家庭劳动成员数取决于家庭类型，正常家庭一般至少由夫妻双方两个劳动者构成，另外还可能包括已成年但未分居的子女，仍具备一定劳动能力参与就业的老人等，故有 $n \geqslant 2$，但不排除也存在少数特殊家庭，如单亲家庭、单身、户主完全或部分丧失劳动能力的残疾家庭等等，其家庭劳动者数量可能 < 2，而本书不考虑这些特例，且在实际调研中也相应剔除了此类样本。

（2）结构指标，为便于计算，我们用全距极差指标（Xm_i）来近似衡量。虽然在统计学中能反映样本数据分布结构的离散度指标有多种，如全距极差、标准差、变异系数等，这些指标各有特点。但相比而言，当组内样本量偏少时，全距极差指标并不会导致关键信息的损失，且能很好反映离散程度，兼具计算方便等优点。本书主要考察农户内部劳动成员人力资本数值分布的离散性，一般而言，家庭成员数是有限的（本书样本家庭成员均值数为 3.034），故我们认为选择全距极差指标是可接受的。全距极差的计算方法为：$Xm_i = |x_{i,\max}| - |x_{i,\min}|$，其中 $x_{i,\max}$、$x_{i,\min}$ 分别表示该农户家庭成员中所拥有第 i 类人力资本的极大值与极小值。

同样，除了农户人力资本这一核心变量之外，我们也引入了一系列基于个体与家庭区域条件等相关因素作为模型的控制变量，进而运用长三角地区 1894 个农户失地调查数据进行实证分析，所形成的相关数据描述特征见上章的表 3-1。

进一步对各变量数据进行相关性分析，发现"是否签订劳动合同"（X32）与"是否参加社会保险"（X33）变量之间以及男女年龄变量之间存在高度相关性（COR 系数＞0.75），为避免模型的多重共线性问题，我们选择剔除 Xm32、Xn32 与 In1 三个变量，而将其余 16 个因素变量引入不同计量模型,并运用 Eviews5.0 软件进行实证分析。

4.2 非农就业因素对农户兼业行为影响的模型分析

我们首先建立基于不同地区的影响农户兼业结构类型的排序选择(OCM)模型,模型估计结果见表 4-1:

表 4-1 农户兼业结构类型的排序选择模型(OCM)估计结果

变量	总地区	一类地区	二类地区
Xm1	0.237(5.244)***	0.346(4.888)***	0.137(2.228)***
Xm2	8.5E−05(3.084)***	4.67E−05(1.889)*	1.34E−04(3.265)***
Xm33	0.325(3.442)***	0.16(1.337)*	0.337(2.686)***
Xn1	0.329(6.617)***	0.449(5.524)***	0.296(4.534)***
Xn2	3.82E−05(0.481)	3.77E−05(0.698)	1.38E−05(0.339)
Xn33	−0.046(−0.507)	−0.025(−0.185)	−0.097(−0.736)
Im1	0.445(4.915)***	0.249(1.912)**	0.56(3.972)***
Im2	−0.031(−4.497)***	−0.04(−4.044)***	−0.028(−2.751)***
Im3	0.166(1.846)*	0.195(2.208)*	0.104(1.789)*
Lm4	−0.028(−0.274)	−0.055(−0.0433)	−0.116(−0.622)
In2	0.057(0.704)	0.12(1.329)*	−0.056(−0.476)
In3	−0.026(−0.416)	−0.107(−0.875)	0.069(0.483)
Ln4	−0.075(−1.689)*	−0.126(−1.326)*	−0.028(−1.572)*
F1	−0.046(−0.507)	−0.025(−0.185)	−0.097(−0.736)
F2	−0.004(−0.137)	−0.003(−0.319)	−0.008(0.173)
F3	0.008(0.107)	−0.223(−2.048)***	0.254(2.212)***
F4	0.054(0.624)	0.034(0.283)	0.029(0.222)
F5	−0.185(−8.502)***	−0.191(−6.935)***	−0.185(−4.883)***
	−0.119(−1.532)**	0.102(0.908)	−0.388(−3.368)***
Limit−2(C19)	−1.141(−3.825)	−1.939(−3.537)	−1.188(−2.187)
Limit−3(C20)	−0.332(−0.902)	−0.918(−1.682)	6.7E−04(0.012)
Limit−4(C21)	0.437(1.186)	−0.192(−0.353)	0.869(1.605)
LR(18)	573.827	340.424	265.33
Prob..	0.000	0.000	0.000
pseudo−R2	0.2178	0.2499	0.2118
样本数	1894	1002	892

注:1.因变量 Y 取值范围:半兼业 i 型=1;全兼业型=2;半兼业 ii 型=3;名义型=4;2.表中( )内为 Z 值,*、**、*** 分别表示 10%、5%与 1%以上水平显著。

表 4-1 显示,总地区、一类地区和二类地区模型的 LR 统计值均较大,对应的概率 P 值极小,且似然比指数 psedo-R2 也均为正值,此外,各模型的不同临界估计值间为单调递增,表明所有排序选择模型整体显著,拟合效果较好。

由于 OCM 模型的因变量存在 $1 \sim m$ 之间多元排序选择关系,因此回归变量系数不能直接解释为边际影响,且与二元选择模型相比,OCM 模型因变量数为 $m(m \geqslant 3)$,存在从 $\mathrm{Prob}(y=1 \mid x)$ 到 $\mathrm{Prob}(y=m \mid x)$ 的不同区间,因而直接计算变量的影响概率难度较大。但 Greene(1999) 的研究表明,排序选择模型的变量系数符号及数值水平与排序因变量的两端(即 $\mathrm{Prob}(y=1 \mid x)$ 和 $\mathrm{Prob}(y=m \mid x)$)变化关系是确定的,即当变量系数越是较大正值,表明因变量倾向 m 的概率越高,反之则相反,至于中间各因变量的影响程度关系则尚不清楚。因此,以下对模型变量的分析主要借鉴了 Greene(1999)的研究范式。

——基于总地区层面。分析各变量系数及符号,可得出以下研究结论:

(1)非农职业变量方面。表 4-1 总地区模型的回归结果中,除了技能变量 X31 之外,其他非农职业变量(X)系数均显著为正,这表明非农职业因素变量对潜在变量 Y 的影响为正,即非农职业水平越高,农户选择更高程度的非农化兼业类型概率倾向也越大,这初步验证了本书的基本假设;而进一步比较变量系数大小,女性的职业社会风险因素(Xn33)回归系数最大且高度显著,其次是女性职业层次(Xn1),这表明女性非农职业因素可能在推动农户兼业结构的非农化演变具有更重要的影响。理论上农户成员的能力结构与家庭就业结构演变存在类似"木桶效应",能力最强的成员扮演了"最长板"角色,其率先获得非农就业机会,推动农户农业非农化就业结构的变化,但最终衡量农户整体非农化就业水平的将取决于相对较弱的劳动成员的就业状况,一般而言,农户中的女性成员常扮演这一"短板"角色。

（2）个体特征方面，劳动者年龄因素对农户兼业发展的影响效应为负，而男性文化程度显著为正，总体符合预期，但女性文化变量却不显著，这与当前长三角地区农户依然存在的传统就业分工特征有关；家庭变量上，F1 系数值偏小，并不显著，说明家庭未成年子女因素并未构成长三角农户就业决策的主要因素。

（3）家庭与区域特征层面。农业资源（F4）构成对兼业发展的显著反向影响，农户拥有耕地越多，农户非农就业程度越低，越倾向于选择低度非农兼业，这与周波等（2011）的研究结论一致。与我们预期相反的是，F5 系数为显著负值，表明当地土地征用越频繁，农户兼业的非农化程度却越低，对其可能性解释是，由于土地征用往往能给拆迁农户带来一笔较大的补偿收益，因此基于土地非农化价值预期动机，反而强化了农户持有土地的意愿。

——对地区模型进行比较，我们发现不同地区非农职业变量影响存在分化倾向。首先在一类地区模型所有变量中，XM1、XN1 变量系数值极大，且显著为正，这表明更发达地区农民非农职业层次构成了农户选择高层次非农化兼业（即名义型兼业）的关键因素，而与之相反的是，二类地区模型显示，XM33、XN33 变量系数为极大正值，构成了该类地区农户从事高度非农化兼业的核心因素，表明相比更发达地区，次发达地区由于总体非农就业层次水平不高，农户更关注非农职业安全性和风险降低，尤其是社会保障因素将决定农户是否提升非农化兼业程度的重要因素。

其他变量方面。两类地区在劳动者年龄、文化程度、未成年子女因素等相关变量的影响程度基本相似，但值得注意的是，在家庭是否有老人因素（F2）变量上却存在显著差异，表 4-1 数据显示，一类地区的 F2 系数为-0.223，而二类地区则为 0.254，不仅绝对值水平相近，且均高度显著，显示发达地区老人因素将不利于非农化兼业发展，而次发达地区则恰好相反，这是由不同经济发展条件下的老人是否参与劳动因素决定的，因为根据庞丽华、Scott Rozelle 等（2004）研究发现，老人劳动供给与当地经济发展水平存在紧密相关。在欠发达地区,受家庭较低的收入和巨大的生存压力影响,农户成员的劳动参与率较高,即便是一些高龄老人也可能要参与劳动分工,往往根据其残存劳动能力大小,轻则承担诸如照看小孩与一般家务,重则甚至承担农业生产,这将有助于解放家庭主要劳动者(特别是女性)参与非农就业,进而提高了兼业非农化水平;而在发达地区,由于农户家庭普遍收入水平较高,加之这些地区农村社会保障事业的逐步推进,使得农户劳动要素配置的生存压力大大降低,有助于降低家庭人口的劳动参与率,高龄老人不仅无需承担大量家庭劳动,甚至还会促成部分劳动者(主要是女性)放弃非农就业而选择回家照看家庭,形成了表层上的非农兼业程度降低。

此外,在非农化水平(F5)变量上也呈现某种地区差异性,一类地区总体不显著,而二类地区则高度显著,表明次发达地区农户受收入等因素的影响,对于农地征用所带来的预期收益更为渴求,因此表现为短期持有土地的价值动机更为强烈。

4.3 农户人力资本对兼业行为影响的模型分析

为了考察人力资本与农户兼业行为之间的内在关系,我们进一步建立了以不同兼业程度类型农户为被解释变量,以农户人力资本相关变量为解释变量的3组二元 Logit 回归模型,以揭示影响长三角区域农户兼业行为的深层次因素效应。为了防止农户人力资本数量变量与结构变量之间可能存在的相关性,我们采用了逐步回归法并运用 Eviews6.0 软件建模,估计结果见表4-2。

表4-2结果显示,各模型总体均通过了显著性检验,进一步通过考察模型变量的回归结果,可得出以下主要研究结论:

(1) 农户健康人力资本因素对一兼户和非农农户具有显著数量和结构影响效应。上表中,一兼户模型中的 $\overline{X_1}$ 和 Xm_1 均为显著正值,考虑到健康变量是负向指标,因此表明农户家庭成员总体健康水平越低,内部成员健康差异度越大,具备低健康水平的成员退出非农

表 4 - 2　农户兼业类型的多重二元 Logit 模型估计结果

变量	一兼户		二兼户		非农农户	
$\bar{X}_1$	-0.404** (-3.04)	-0.252* (-1.61)	0.094 (0.971)	0.026 (0.237)	0.276** (2.83)	0.158* (1.403)
Xm_1	0.27* (1.98)	0.076* (1.47)	0.157 (1.051)	0.082 (0.705)	-0.273** (-2.687)	-0.114* (-1.975)
$\bar{X}_2$	-0.02 (-0.779)	-0.03 (-1.191)	-0.085** (-5.33)	-0.086** (-5.392)	0.09** (5.735)	0.096** (5.976)
Xm_2	0.004 (0.167)	0.007 (0.271)	0.004 (0.262)	-0.002 (0.105)	-0.003* (-1.985)	-0.003 (1.745)
$\bar{X}_3$	-0.007 (-0.57)	-0.013 (-0.811)	-0.01 (-1.176)	-0.009 (-1.053)	0.013* (1.657)	0.016* (1.811)
Xm_3	0.023** (2.467)	0.022* (1.937)	0.001 (0.108)	0.003 (0.426)	-0.011* (-1.693)	-0.015** (-2.03)
$\bar{X}_4$	-0.341** (-6.642)	-0.279** (-2.67)	0.053 (1.023)	0.069* (1.309)	0.044 (0.856)	0.001 (0.006)
Xm_4	0.24** (4.24)	0.239** (3.854)	0.075* (1.922)	0.076* (1.894)	-0.164** (-4.164)	-0.16** (-3.929)
F1	0.011* (1.921)	0.009* (1.827)	-0.0156 (-2.201)	-0.018* (-2.418)	-0.01* (-1.476)	-0.016* (-2.23)
F2	0.037 (1.688)	0.042 (0.776)	-0.014 (0.399)	-0.018 (0.516)	-0.001 (-0.038)	-0.0114 (-0.322)
F3	-0.202 (-1.083)	-0.132 (-0.681)	0.05 (0.446)	0.578 (0.512)	-0.008 (-0.074)	-0.034 (-0.297)

续 表

变量	一兼户		二兼户				非农农户	
F4	−0.032 (0.219)	0.004 (0.257)	0.033 (0.38)	0.03 (0.347)	0.031 (0.359)	0.045 (0.525)	0.038 (0.452)	0.048 (0.559)
F5	0.038 (0.954)	0.018* (1.458)	0.374 (0.93)	0.075 (1.355)	0.029 (1.003)	0.022 (−0.332)	−0.003 (−1.008)	0.044 (−0.503)
H1	0.007* (1.477)	0.017** (3.276)	(0.449)	(0.909)	(0.34)	(0.271)	(−0.037)	(0.521)
H2	−0.161 (−1.171)	−0.138 (−0.976)	−0.004 (−1.129)	−0.002 (−0.511)	−0.002 (−0.735)	−0.002* (−1.564)	−0.003 (−0.931)	−0.001* (−1.345)
H3	−0.162 (−1.198)	−0.187* (−1.338)	−0.014 (−0.167)	−0.062 (−0.73)	−0.022 (−0.253)	0.047* (1.559)	0.012 (0.136)	0.04* (1.465)
C(常数)	−1.538* (−1.98)	−2.596* (−4.374)	0.948* (1.991)	−0.263 (−0.753)	0.995* (2.081)	−1.002* (−2.123)	0.378 (1.087)	−1.122* (−2.353)
LR(16df)	60.28	76.04	38.41	42.7	44.59	59.55	46.98	93.09
McfaddenR2	0.318	0.248	0.279	0.192	0.232	0.242	0.233	0.265

注：() 中为 Z 统计值，*、** 分别表示通过 10% 和 1% 以上显著性水平

领域,而从事农业兼业的倾向越大;而与之形成鲜明对比的是,非农农户模型中$\overline{X}_1$和Xm_1变量均为显著负数,这表明家庭成员整体健康水平越高,内部健康人力资本差异度越小,越有利于农户高度非农化发展,而二兼户由于其家庭成员高度分化的非农就业,因此农户总体健康人力资本的影响总体是不确定的。

(2) 农户教育人力资本因素对二兼户与非农农户具有显著差异性影响,但对一兼户不构成相关关系。表 4-2 中相应模型的$\overline{X}_2$变量回归结果显示,农户平均教育人力资本水平与二兼业存在负向关系,但却构成了对非农农户的显著正向关系,此外,非农农户的形成还显著受到农户内部成员教育人力资本差异度的影响,这是因为教育作为重要人力资本形态,对个体非农化发展具有显著影响,因此当农户教育人力资本均值越高,而同时差异度越小,表明整体农户家庭成员获取非农就业机会和较高非农收入水平越高,进而提升了农户兼业非农化水平。而教育与一兼户没有显著关系,这主要源于一兼农户成员主要从事农业和低水平非农就业,因此对教育文化要求不高。

(3) 不同农户类型的非农工龄因素的影响效应存在某种差异性特征。非农农户家庭成员的非农工龄影响效应显著,农户平均非农工龄年限越长,内部成员之间差异度越小,越有利于非农农户发展,但对一兼业和二兼业均不构成显著影响。这是因为职业工龄是否促进农户非农技能水平的提高,既取决于工龄期限长短,还与职业技术层次有关,一般而言,当特定职业的技术含量较低时,即便劳动者通过长期"干中学"效应熟练掌握了该职业技能,但仍不足以积累足够的支撑劳动者获得更高收益水平的技能人力资本。已有研究表明,相比非农农户,兼业农户成员所从事的非农职业技术层次总体偏低(陈浩,2013),进而导致在同等工龄条件下,兼业农户在技能人力资本积累水平和非农就业能力上也显著低于非农农户。

(4) 非农就业地点对不同兼业农户也形成差异化的迁移人力资本效应。在数量层面上,三种农户类型中,一兼农户由于总体农业比例较高,加之一兼农户成员的非农就业层次最低,家庭非农成员往往倾向于选择就近低风险择业,因此,就业地点体现为显著负向影响;而二兼农户则受追求更多非农就业机会和更高非农收入动机的影响,更强调家庭内部劳动分工,因而相对而言,家庭非农成员追求更大更广范围内搜集非农职业信息和获取更高的非农收入愿望更强,职业流动性更大,导致迁移程度对二兼业具有更为显著正向影响;但值得注意的是,非农农户模型中$\overline{X_4}$变量不显著,表明非农农户发展较少受家庭成员职业迁移水平影响,这是因为非农农户整体具有较高的非农就业水平,家庭成员往往具有更强的非农就业能力,其就业决策可能具有多动机属性,既追求短期收入水平,更注重自身能力的体现,非农就业地点已不再是就业决策的主要因素,无论是外出就业还是返乡就近创业都是非农农户成员可供备选的就业形态。

而从结构效应看,我们发现,一兼业和二兼业与农户成员迁移人力资本结构差异存在正相关关系,农户迁移人力资本差异度越大,越倾向不同程度兼业,相反,农户成员间迁移人力资本差距的缩小有利于非农农户的发展,也进一步验证了农户成员人力资本结构偏差是导致农户内部农业/非农劳动分工进而形成农户兼业的显著因素。

(5)农户兼业程度也一定程度受到家庭和区域等其他因素的影响。表3模型显示,相比其他农户,非农化水平最低的一兼户往往较多的分布于相对次发达地区的偏远乡村,而家庭特征上反映为户主年龄偏大,耕地面积多等基本特征,这也揭示了当前长三角地区从事农业劳动者总体素质偏低的现状。

4.4 本章小结

本章主要基于单变量视角,分别围绕家庭成员非农就业因素以及农户人力资本因素对农户兼业行为的影响效应进行了实证研究。根据不同变量含义与数据特征,分别构建了非农就业影响农户兼业行为类型的 OCM 分析模型以及农户人力资本影响农户兼业行为类型的二元 Logit 模型,并运用长三角 1894 户农户调研数据进行了实证研究。所形成的基本结论为：

（1）总体上，家庭核心成员（户主夫妻）的非农就业状况对长三角农户兼业行为发展具有重要影响效应。户主夫妻双方（简称男女）总体非农就业水平越高，越有利于农户非农化兼业程度的提升。其中农户家庭中男性非农就业的贡献效应要显著大于女性。

（2）长三角不同地区农户家庭成员的不同非农就业发展维度因素对其兼业行为的影响存在分化效应。经济相对更发达的一类地区中，家庭成员所从事非农职业层次水平构成了农户选择高层次非农化兼业的关键因素，而与之相反的是，经济相对欠发达二类地区中，家庭成员所从事的非农职业风险程度构成了该地区农户兼业非农化发展决策的核心因素，突出表现为，相比更发达的一类地区，次发达的二类地区农户总体非农就业层次水平不高，兼业农户更关注非农职业的安全性和风险降低，尤其是社会保障因素将决定农户是否愿意提升非农化兼业程度的重要因素。

（3）通过构建农户人力资本与兼业程度的回归模型结果显示，农户兼业行为与农户家庭整体人力资本因素存在紧密联系，一方面，存在数量效应，即家庭劳动成员的平均人力资本水平越高，农户从事高度非农化兼业程度越深；与此同时，还表现为结构效应，即农户不同成员之间人力资本差异度越大，越易形成基于劳动分工下的兼业结构固化。

（4）人力资本能力维度对不同兼业农户的影响效应存在差异性特征。总体而言，健康人力资本因素对一兼户和非农农户具有显著数量和结构影响效应，但不构成对二兼户影响；而教育人力资本因素则对二兼户与非农农户具有显著差异性影响，但对一兼户不构成相关关系；以非农工龄为衡量的技能人力资本对非农农户的影响效应显著，农户平均非农工龄年限越长，内部成员之间差异度越小，越有利于非农农户发展，但对一兼业和二兼业均不构成显著影响；此外，非农就业地点对不同兼业农户也形成差异化的迁移人力资本效应，其中，对一兼户具有负向效应，对二兼农户具有正向影响，而总体对非农农户不构成显著影响。

（5）此外，农户兼业行为及其程度也一定程度受到家庭和区域等其他因素的影响。地区类别、户主年龄、家庭拥有的耕地面积、有无70岁以上老人、有无未成年子女以及当地是否征地等因素也构成对不同农户兼业行为形态演变的一定程度影响。

第 5 章

长三角地区兼业农户离农化
决策行为的实证研究

第 4 章主要是从单变量角度分别考察了农户家庭非农就业因素及人力资本因素各自对农户兼业行为的影响效应,而按照本书所构筑的图 2-2 理论架构,兼业农户的最终离农化决策的形成,也应是建立在农户人力资本与非农就业发展这两层核心动因的基础上。因此,为了进一步验证上述理论假说,本章将继续沿着上一章的研究思路,力图基于单变量视角,分别构筑上述两大核心变量与兼业农户离农化决策之间关系的回归模型,进而运用长三角农户调研数据进行实证研究,从而形成对农户离农决策行为及其形成规律的深度把握。

本章结构安排如下:第一节是相关模型构建和变量设计,基于农户离农意愿的二元化选择,建立二元 Logit 模型;第二节,构筑非农就业变量影响兼业农户离农化决策的计量模型并进行分析;第三节,构筑农户人力资本变量对兼业农户离农化决策的计量模型并进行分析;最后形成本章的研究小结。

5.1 模型与变量设定

虽然理论上农户离农化模式存在着"流转土地离开农业"与"迁居城镇离开农村"两种形态,但当前长三角地区,兼业农户的离农化决策将首先面临的是"流转土地离开农业"阶段,因此本章研究侧重以考察农户土地流转意愿作为衡量离农化变量的主要指标。假设不存在"模糊两可"的选择倾向[1]，则农户离农化意愿(Z)大体可分为二元选择状态，即"愿意"和"不愿意"，对此，可运用二元 Logit 模型进行分析，通过考察各变量回归参数的正负方向，判断该变量对被解释变量正向选择的影响倾向，另外，基于回归参数值的基础上，通过计算发生比 OR(Odds Ratio)解释模型中的变量，即 EXP(β)，可进一步揭示该解释变量变化所引起的因变量取 1 和取 0 之间的概率比值。

本章采取与第 4 章相类似的研究思路，分别以农户家庭非农就业以及人力资本为核心解释变量，以兼业农户主动离农化意愿(Z)为被解释变量，构建二个二元 Logit 回归模型进行实证研究。

在模型变量设定上，所有相关解释变量的形式与含义均等同于上章，而被解释变量为"是否愿意流转出农地经营权"，具体赋值形式为"是＝1，否＝0"。

5.2 非农就业因素对兼业农户离农化决策影响的模型分析

我们运用长三角实地调研数据，构建了分地区条件下农户家庭成员非农就业因素对其离农化决策意愿影响的二元 Logit 模型，估计结果见表 5-1。

表 5-1 显示，所有地区 Logit 模型均通过显著性检验，表明模型整体拟合效果良好，可以进一步对各模型变量的影响程度进行分析。

——总地区模型层面。(1)非农就业变量方面。考察发现，Xm1 变量系数显著为正，表明农户彻底离农意愿首先受家庭男性劳动者的非农职业层次因素影响，男性职业层次每提高一个单位，农户自愿放弃农地承包权的概率就会增加 19.8％；其次，女性职业的社会风险

---

[1] 本书在调研中通过深入交流与解释，尽量减少受访农户的疑惑与模糊认识，因此获得的绝大多数农户内心深处对离农意愿的真实而由清晰地表达，故回答"说不清"、"不知道"或"没想过"等的农户样本极少，对于这些少量样本，课题组以无效样本方式加以剔除。

表5-1 非农就业因素对农户离农化意愿影响的二元 Logit 模型估计结果

变量	总地区	EXP(β)	一类地区	EXP(β)	二类地区	EXP(β)
C	-1.708(-2.54)**		-1.415(-1.499)*		-2.649(-2.478)***	
Xm1	0.181(2.268)**	1.198	0.153(1.615)**	1.165	0.124(1.579)*	1.132
Xm2	-2.59E-06(-0.107)		-1.29E-05(-0.496)		9.4E-05(1.345)*	1.000
Xm31	0.069(0.461)		0.148(0.685)		0.003(0.014)	
Xm33	-0.02(-0.128)		0.03(0.13)		-0.097(-0.396)	
Xn1	0.011(0.137)		0.013(0.107)		-0.047(-0.365)	
Xn2	2.65E-05(0.551)		-4.04E-05(-0.598)		1.7E-04(1.909)**	1.000
Xn31	0.133(0.811)		-0.056(-0.244)		0.428(1.709)**	1.534
Xn33	0.309(1.883)**	1.362	0.076(0.335)		0.769(2.973)***	2.158
Im1	0.004(0.304)		0.007(0.425)		0.015(0.748)	
Im2	0.206(1.815)**	1.228	0.245(1.481)*	1.278	0.164(1.974)***	1.178
Im3	0.31(1.675)**	1.363	0.154(0.675)		0.351(1.968)***	1.421
In2	0.178(1.6)**	1.195	0.138(1.871)**	1.15	0.281(1.668)***	1.325
In3	0.144(0.82)		0.135(0.616)		2.08(0.642)	
F1	0.025(0.46)		0.045(0.646)		-0.065(-0.694)	
F2	-0.096(-0.678)		0.177(0.924)		-0.516(-2.311)***	1.675
F3	0.333(2.213)***	1.395	0.5(2.461)***	1.649	0.104(0.426)	
F4	-0.164(-3.866)***	-1.178	-0.191(-3.471)***	-1.21	-0.098(-1.33)*	-1.103
F5	-0.834(-5.89)***	-2.303	-0.427(-4.755)***	-1.528	-0.926(-2.363)***	-2.524
LR(18df)	130.18		63.94		103.55	
Prob.	0.000		0.000		0.000	
Mcfadden R2	0.292		0.283		0.358	
Obs - with. dep=0	1053		536		516	
Obs - with. dep=1	841		465		376	

注：()中为Z统计值，*，***分别表示通过10%和1%以上显著性水平。

程度也是影响农户彻底离农意愿的另一显著因素,其他条件既定,女性非农职业者参加社会保险的,其家庭未来愿意放弃农地权的概率将是不参加的 1.362 倍,此外,女性职业层次、男性和女性非农技能变量虽然在统计上不显著,但回归系数均为偏大正值,对农户离农意愿也具有一定的正向影响,而相比之下,职业收入变量系数值极小且不显著,显示了当前长三角地区农户在彻底离农决策的非农职业因素考量上,更注重职业的长期发展能力而非短期收入水平。在个体特征变量上,男性和女性的文化程度构成对农户彻底离农意愿的正向效应,而 Lm3 变量显著为正也昭示了男性往往作为农户家庭中主要经济支柱,因此其健康状况将显著影响到农户生计状况及对农地保障的依赖程度。

(2)家庭变量方面,社会关系对农户放弃农地权具有显著正向影响,这是因为良好的社会关系网络将使得农户积累相应的社会资本,从而有助于提升其整体非农就业能力水平;而农业资源变量的回归结果表明,农户拥有的耕地资源越多,其未来放弃农地权彻底离农意愿也越低。

(3)土地征用变量方面。值得注意的是,在总地区模型中,土地征用变量回归系数为 -0.834,在所有变量中最为显著,其概率比高达 -2.303,表明土地征用因素构成了当前对农户自愿放弃农地权而彻底离农意愿的最大负面影响,究其原因,这固然与一部分农户基于追求土地非农预期收益动机有关,但也不排除与当前在土地征用补偿政策思路上的偏差有关。这是因为,在现有国情下,由政府主导的农村土地征用对农户来说本质上属于一种外部强制性制度变迁,农户在"要不要征地"上基本没有发言权,只能围绕"征地补偿"进行博弈,而近年来我国征地补偿政策已从就业安置转变为货币安置,虽然各级政府出台了不少保障被征地农民利益的政策,但重点都放在制定合理的补偿价格和补偿款足额及时发放上,而对被征地农民的就业能力扶持等后续环节关注不多,虽然前者也很重要,但正如本书观点,农户是否真正愿意放弃农地是与其未来生计预期紧密相关的,而非农就业状况是重要影响因素。实地调研中也发现,越是非农就业水平低的农户,对征地后的未来生计保障疑虑性越大,他们反映,即便获得了相应的经济补偿,但由于缺乏非农就业(如自主创业)能力,补偿款大多只能用于消费支出,因此总担心"今后钱花完了怎么办"。加之当前少数地区暴露出的诸如违规征地和补偿不到位等问题,这无疑会进一步加剧农户对土地征用带来的被动离农的严重抵触心理。

——不同地区模型层面。通过比较发现,首先,非农职业因素对不同地区农户彻底离农意愿的影响程度存在显著差异。一类地区总体影响程度不强,模型中仅男性职业层次变量较为显著,其他相关职业变量均不显著,而二类地区模型中包括男性职业层次、职业收入、女性职业收入以及职业安全度在内多个变量均为显著正值,尤其值得注意的是,其中女性职业安全变量的回归系数最高,其概率比高达2.158。对其可能性解释是,农户离农化意愿作为一种未来预期决策,其与非农就业因素存在理论上的关联,但不同地区非农就业发展模式的差异将显著影响其程度,一般而言,发达地区由于总体非农产业水平高,相关非农就业机会多,就业环境好,因此发达地区农民非农就业除了受其自身个体能力因素影响之外,更显著具有某种外部良好环境推动型特征,而相比而言,次发达地区在此有所欠缺,因此农民非农就业发展将主要取决于其自身能力和职业水平,表现为个体因素对其未来预期决策的影响程度更为显著。

而从家庭变量也可进一步佐证上述观点。一类地区的社会关系变量显著为正,表明发达地区农户由于存在外部良好的社会资本网络,促进了其非农就业层次水平的提升,增强了其未来离农的信心和能力,而二类地区农户由于普遍缺乏强大的社会资本资源,因此降低了其非农就业能力和放弃农地权意愿。此外,F2 和 F5 变量回归结果也显示,不同地区由于非农化发展水平的差异,导致农户在老人的"恋土情结"与农地价值动机和未来生计预期程度上也存在显著差异,相比而言,次发达地区对土地的心理依赖度要显著高于发达地区。

5.3 农户人力资本对家庭离农化决策影响的模型分析

我们进一步基于数量与结构不同层面构建了长三角农户家庭人力资本因素对其主动离农化决策影响的二元 Logit 模型，为了避免人力资本不同变量之间可能存在的多重共线性问题，我们同样采取了逐步回归方法进行分析，模型估计结果见表 5-2：

表 5-2 中的模型Ⅰ～Ⅲ为分别考虑农户人力资本数量和结构因素的逐步回归模型结果，相关检验显示模型Ⅲ总体显著，拟合效果良好，可进行变量分析。

首先考察农户人力资本变量。从回归系数符号看，所有类型农户人力资本的数量指标变量均为正数，而人力资本结构变量则均为负数，反映了农户主动离农化决策与农户人力资本因素存在密切关联。农户平均人力资本水平越高，农户未来主动离农倾向越大，而与此同时农户离农决策还受农户内部人力资本结构差异度影响，呈现负向关系，家庭成员间人力资本差异度越大，将会降低农户离农意愿，而通过比较变量系数绝对值，我们发现人力资本对农户离农意愿影响的结构效应要大于数量效应，这进一步支持了本书的理论分析。

而进一步从各人力资本变量显著性水平看，长三角地区农户主动离农决策主要受教育和迁移人力资本影响，农户家庭成员平均教育年限和职业地点每增加一个单位，分别将带来农户自愿流转农地承包权的概率增加 1.6% 和 9.9%，而同时，农户家庭成员之间教育和职业地点的差异度每扩大一个单位，则分别降低农户主动离农意愿 1.4% 和 5.7%，但健康人力资本与技能人力资本(职业工龄)因素的影响效应并不显著，而对其解释各不相同。前者是因为经济发达的长三角地区近年来新农合等农村医疗保障事业得到较快发展，使得大多数农户家庭具备劳动能力的成员往往健康水平较好，因此总体健康并不构成对农户离农决策的显著影响，而工龄因素影响效应

表 5 - 2 基于人力资本视角的长三角农户离农化决策的模型估计结果

变量	模型 I	EXP(B)	模型 II	EXP(B)	模型 III	EXP(B)
X_1	0.034(0.352)				0.23(0.298)	
Xm_1	0.017*(1.953)	1.017			−0.059*(−0.523)	
X_2			−0.048(−0.598)		0.016*(1.621)	1.016
Xm_2	0.0032(0.399)		−0.013*(−1.815)	−1.013	−0.014*(−1.867)	−1.014
X_3			−2.44E−05(−0.004)		0.003(0.302)	
Xm_3	0.089*(1.731)	1.093	−0.056*(−1.402)	−1.057	−0.004(−0.299)	
X_4					0.094*(1.779)	1.099
Xm_4	−0.016*(2.509)	−1.016	−0.016*(1.345)	−1.016	−0.055*(−1.355)	−1.057
F1	0.0032(0.089)		−0.011(−0.184)		−0.0123*(1.698)	−1.012
F2	0.205*(1.474)	1.228	0.237(1.065)		0.0004(0.012)	
F3	0.358**(4.159)	1.43	0.581**(4.161)	1.788	0.154*(1.347)	1.166
F4	−0.105*(−4.234)	−1.111	−0.187*(−4.397)	−1.206	0.3528**(4.089)	1.423
F5	−0.002(−0.482)		−0.003(−0.456)		−0.112**(−4.463)	−1.119
H1					0.00058(−0.186)	
H2	−0.458*(−5.859)	−1.645	−0.598*(−5.713)	−2.22	−0.487*(−5.702)	−1.627
H3	0.0602(0.719)		0.12(0.879)		0.096(0.698)	
C	−0.45(−1.276)		0.18(0.38)		0.1687(0.355)	
LR(16df)	86.242		88.668		91.66	
Mcfadden R2	0.281		0.362		0.325	

注:1.因变量 Z 为是否愿意流转出农地经营权?是=1,否=0;2.EXP(B)为发生比 OR(Odds Ratio),其含义是某解释变量变化所引起的因变量取值 1 和取 0 之间的概率比值。

低下则与当前兼业农户成员总体非农职业层次水平不高有关,单纯依靠现有非农岗位的"干中学"并不能让农户成员积累充分的技能人力资本和提高非农就业能力,进而难以增强农户主动离农的信心保障。

农户主动离农化决策除了受农户人力资本这一核心变量影响之外,还显著受到其他一些因素的制约。

一是个体与家庭因素层面。表5-2中模型Ⅰ~Ⅲ的F1变量回归系数均为负,且高度显著,表明户主年龄越大,受"恋土情节"等影响,因而农户家庭放弃农地权意愿越低;农户劳动力数量(F2)总体不显著,对农户离农决策没有明显影响,但家庭未成年子女变量(F3)回归系数却为显著正值,反映了当前追求未成年子女获得更好的教育和生活条件等社会因素可能是影响一部分农户家庭尤其是年轻家庭非农化迁移决策的重要动因;此外,社会关系变量(F4)显著为正,昭示了拥有良好社会资本网络的农户将比其他农户拥有更强的非农就业能力,因而进一步增强了其主动离农化的信心和意愿。而农业资源(F5)构成了对农户主动离农决策的显著反向影响,农户拥有农地越多,农户非农就业程度越低,越不愿意流转土地。

二是区域层面上,模型Ⅲ中,距离中心城镇距离(H1)以及地区类型差距(H2)对农户离农化决策意愿的影响均不显著,表明作为经济较发达的东部沿海地区,近年来长三角各地区在农村工业化、城镇化、信息化以及农业现代化等"四化"发展上总体取得了显著成效,区域与城乡统筹获得了长足发展,农户离农化决策的区域差异性也越来越弱化。

三是土地征用层面,在所有模型中H2的回归系数符合均为负,且在所有变量中系数值最大,特别是模型Ⅲ中H2的回归系数为-0.487,其概率比高达-1.627,表明土地征用因素构成了当前对农户自愿流转农地权而主动离农意愿的最大负面影响,即当地越频繁征地,农户越不愿意流转土地。这进一步呼应了非农就业模型的分析结果。表明受当前农村土地产权制度弊端影响,大多数农户认为城镇化土地征用行为及相应的征地补偿政策并不能充分体现和维护其所享有的合法土地权益不受侵害,因此在内心深度对现有土地征用及补偿方式存在某种不满意之处,而作为其外在表现之一是农户对参与由外部征地推动的农地流转积极性不高甚至严重抵触,这揭示了农户离农化决策意愿本质上是与其预期长期生计保障状况紧密联系的,而由人力资本决定的非农就业状况是影响农户长期生计保障预期的重要衡量因素。在实地调研中,课题组也发现,人力资本与农户非农就业之间存在紧密联系,越是家庭成员人力资本总体水平偏低,结构差异度越大,农户非农就业层次与水平就越低,往往兼业倾向越强化,进而越不愿意轻易放弃农地保障,对征地后的未来生计保障疑虑性也越大,作为自我保障动机,这些农户在参与土地征用过程中,更倾向于提出更多、更高补偿要求,甚至出现"漫天要价",如果不同意就当"钉子户"甚至违规上访等。

透过上述这些现象,我们认为,当前城镇化背景下的土地征用制度改革中值得高度关注与重点探索的至少有以下两层领域:

一方面要重视加快深化土地制度领域改革,重点化解当前农村土地产权制度弊端,充分重视和保障农民依法享有土地权益,强化农地征用政策中对农民的合理利益补偿机制,坚决杜绝那些损害农民利益的违规征地与偏低补偿;但另一方面,也要基于促进被征地农民可持续生计保障目标下,积极探索行之有效的征地补偿思路与补偿政策。应看到的是,当前包括长三角地区在内的我国多数地方政府在城镇化征地发展中往往实施单纯货币化补偿政策,固然这种方式能保障被征地农户的短期利益增长,但并不一定能构筑对长期可持续生计保障,相反,近年来关于极少数素质不高的被征地农民因获得征地补偿款一夜暴富而自我迷失方向,坐吃山空,肆意挥霍财富,甚至染上诸如酗酒、赌博甚至吸毒等不良嗜好,而当补偿款用完后却又复归贫困等新闻报道也屡见报端。因此,未来有必要推动城镇化征地发展战略目标转型,从单纯注重区域 GDP 增长导向型向经济增长与就业民生兼顾型转变,重视城镇化征地开发的就业创造效应,改革与完善征地补偿政策,改变当前一些地区仅注重面向被征地农民提供一次性"货币补偿"方式,注重将扶持被征地农户家庭人力资本发展,促进农户有效非农就业增长,为失地农户营造良好的可持续生计发展纳入征地与补偿思路,以构筑促进被征地农户自愿流转农地离开农业进而成功迁居城镇离开农村等彻底离农化行为决策。

5.4　本章小结

　　本章是在第 4 章的研究基础上,进一步运用单变量模型方法对长三角兼业农户离农化决策行为的影响因素进行实证研究。通过对兼业农户的离农意愿选择建立相应的二元 Logit 模型,分别考察了农户家庭非农就业与人力资本核心变量对兼业农户参与流转土地离农意愿的影响效应。所形成的主要研究结论为:

　　(1)从总体层面看,非农就业状况对长三角地区兼业农户离农化决策具有显著正向影响,其中家庭男性户主的非农职业层次因素和女性户主非农职业的社会风险程度是构成影响农户彻底离农意愿的两大突出核心因素,而相比之下,即期职业收入变量的系数值极小且不显著,表明长三角地区农户在彻底离农决策的非农就业因素考量上,更注重就业的长期发展能力而非短期收入水平。

　　(2)区域层面上,非农就业因素对不同地区农户彻底离农意愿的影响程度存在显著差异。经济相对更发达的一类地区,农户离农化决策具有某种外部环境驱动型决策特征,即较多地受到区域非农化发展等外部因素推动影响,而家庭成员个体的非农就业发展等内部因素的影响效应不太强;而与此相反的是,相对次发达的二类地区中,具备主动离农化意愿的兼业农户主要受家庭主要劳动成员的非农就业有效拓展推动特征明显,因而农户离农化决策更趋向于某种农户个体决策推动型特征。

　　(3)家庭人力资本因素与兼业农户离农化决策之间具有紧密关

联。一方面存在显著的人力资本数量效应。农户平均人力资本水平越高,农户主动离农倾向越大,另一方面,农户离农决策还受农户人力资本结构效应影响,两者之间构成负向影响关系,家庭成员间人力资本差异度越大,将会降低农户离农意愿。而总体上人力资本对农户离农意愿影响的结构效应要大于数量效应。

(4) 从人力资本能力维度审视,长三角地区农户主动离农决策的教育和迁移人力资本影响效应显著,而源于不同因素,健康人力资本与技能人力资本(职业工龄)因素的影响效应并不显著,其中前者归功于长三角农村地区医疗与医保事业的积极发展普遍改善了了不同农村劳动者的健康水平;而以工龄为衡量的技能人力资本效应低下则与当前兼业农户成员总体非农职业层次水平不高有关,单纯依靠现有非农岗位的"干中学"并不能让农户成员积累充分的技能人力资本和提高非农就业能力,进而难以增强农户主动离农的信心保障。

(5) 兼业农户离农化决策同样也受到受到家庭和区域等其他因素的影响。除了户主年龄、家庭拥有耕地面积、有无 70 岁以上老人以及有无社会资本等因素之外,最值得关注的是征地因素,从不同模型回归结果看,受当前征地制度与补偿政策等种种缺陷的影响,征地总体上并不能构成推动兼业农户主动自愿流转土地而离农化的积极因素,现阶段部分农户放弃土地可能更多的是一种外力强制效应下的"被动型"离农行为。从模型结果看,确实当前很多地区的土地征用很大程度上是违背农民真实意愿的,当前征地因素构成了对农户主动离农决策的显著负面影响。不考虑少数地区的违规征用和补偿过低问题,即便补偿价格合理,仍然不排除部分非农就业能力较低的农户基于未来不确定预期,而对由强制征地所带来的"被动离农化"产生强烈的抵触心理。

因此,本书认为,在忽视扶持农户成员长期非农就业发展下,单纯强调经济补偿的农地征用政策并不能真正促进农户从心理上彻底离农意愿的提升,即便在现实中被迫放弃了农地权。因此,只有通过改革和完善城镇化征地开发与补偿政策,使得征地行为能够促进农户成员人力资本积累,增强失地农户家庭的整体非农就业能力水平,特别是要注重提升农户成员的职业层次和化解职业风险等长期因素,才能构筑农户主动自愿离农化决策意愿形成的长效机制,唯有如此,农户才能真正欢迎并深度参与城镇化农地征用行为。

长三角农户兼业行为及其离农化决策关系的 SEM 模型研究

——基于家庭核心成员视角

在第 4 章和第 5 章,我们运用单变量方法分别对农户人力资本与非农就业因素对农户兼业行为与离农决策的影响效应进行了实证研究,研究结果充分支持了之前形成的理论假说。然而,正如理论分析所指出的,上述不同变量之间并非完全独立存在的,而是彼此之间存在一定程度的内在关联性,从图 2-2 中也可看出,一方面,主要内在变量农户兼业行为类型与其离农化决策之间将存在某种影响路径,即当农户兼业非农化程度越高,可能越有利于其主动离农化决策;而与此同时,主要外在变量农户人力资本与非农就业之间也具有正向传导机制,因此,人力资本变量对农户兼业与离农化决策的作用将可能同时存在直接影响效应与通过非农就业发展的中介作用而形成的间接效应。为了深入揭示上述变量之间的复杂关系与传导影响效应,本章将力图从多变量角度,进一步运用结构方程模型(SEM)方法对长三角农户兼业行为及其离农化决策的形成路径及其影响因素变量关系进行实证研究。

本章的结构安排为:第一节,提出农户兼业行为演变及其最终离农化的理论关系构念模型,形成 SEM 模型的相关变量关系与路径假设;第二节,构建农户人力资本、非农就业、兼业发展与离农决策的SEM 模型,并设计相关潜变量体系;第三节,运用长三角调研数据进行实证分析,最终验证相关变量之间的内在影响关系和作用路径,形成一系列研究结论;最后是本章研究小结。

6.1　农户兼业行为及其离农化决策的理论关系构念模型

在建立实证模型之前,首先要建立所研究变量之间的基本理论构念关系假设模型。根据前文理论章节的相关分析,人力资本、非农就业、农户兼业行为类型与离农化决策意愿等四层变量之间存在着正向传导结构关系,而正如前两章的单因素模型分析表明,这种传导关系既受家庭所有劳动成员的人力资本与非农就业因素影响,即呈现一定的家庭整体效应,但同时更显著地体现为特定农户家庭核心劳动成员——户主的关键作用,尤其是基于长三角地区调研中发现,大多数农户家庭收入的核心来源是作为主要劳动力的农户夫妻双方劳动所得,而其中作为一家之主的户主往往挣得最多,在家庭中的总体地位一般较高,通常对家庭劳动与其他经济资源分工与配置也拥有最终决策权,因此农户家庭兼业行为与离农化决策某种意义上更趋于农户户主的决策行为,这与其自身人力资本状况与所从事非农就业水平无疑具有紧密关系。

基于以上分析,同时也考虑到构建模型变量的便利,本章将侧重基于特定农户核心成员——户主的视角,通过运用 SEM 模型方法进而考察户主的人力资本、非农就业状况与农户兼业类型以及离农决策之间的关系。其中,对于农户户主身份的界定,调研中我们采取了以农户家庭户籍本上的户主登记信息为标准,观察发现,1894 个有效农户样本中,登记户主信息是丈夫的为 1801 个,占比达 95.08%,而为妻子的仅为 83 个,不到 5%,表明长三角地区农户家庭依然呈现传统的"男主外、女主内"的传统分工格局,丈夫总体依然是家庭生计的顶梁柱与基石,其构成了家庭重要决策和经济行为演变的推动主体,也是核心影响主体。

在 SEM 模型变量设定中,我们根据第 2 章的相关理论分析,将户主人力资本变量视为外因潜在变量,而农户兼业类型变量与离农化决策意愿变量构成了内因潜在变量,户主从事的非农就业变量可能发挥了某种中介作用效应。基于此,我们构筑了如图 6 - 1 的基本理论关系 SEM 构念模型,并力图运用长三角地区 1894 个农户调研数据进行验证。

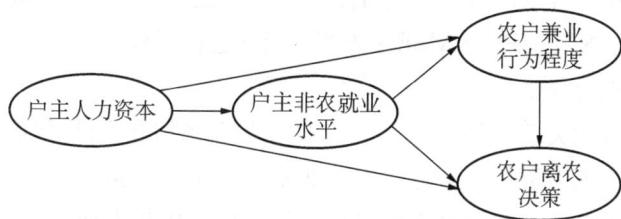

图 6 - 1   变量间的理论构念关系假设

6.2   实证研究模型的构建

6.2.1   SEM 模型的涵义

本章的实证研究工具将运用结构方程模型(structural equation model,SEM)进行研究,SEM 模型通过构建测量模型和潜在结构模型,能够很好地揭示测量变量与潜在变量以及各潜在变量之间的内在关系与影响路径。SEM 模型中的具体变量类型与涵义界定上,其中:外生变量的测量模型形式为:

$$X = \Lambda_X \xi + \delta \tag{1}$$

内生变量的测量模型形式为:

$$Y = \Lambda_Y \eta + \varepsilon \tag{2}$$

上式中 Λ_X 与 Λ_Y 为指标变量(X、Y)的因素负荷量,而 ξ、η 分别为外衍潜在变量与内衍潜在变量,δ、ε 为观察变量的测量误差。

潜在结构方程模型形式为:

$$\eta = B\eta + \Gamma\xi + \zeta \tag{3}$$

（3）式中 B 为系数矩阵，描述了内生潜变量 η 之间的彼此影响，Γ 是系数矩阵，是外生潜变量 ξ 对内生潜变量 η 的影响，ζ 为残差向量。

结构方程采用极大似然估计法（ML）进行估计，运用似然卡方比、CFI、NFI、IFI、RMSEA 等测度指标进行拟合优度检验，以考察模型的拟合程度。

根据相关理论分析与图 6-1 的变量关系构念假设，我们构建以农户户主人力资本因素与非农就业水平因素为外生潜变量，以农户家庭非农兼业程度与农户离农化决策意愿为内生潜变量，以非农就业因素为中介变量的结构方程模型。

6.2.2　潜变量与测量项目的确定

为了适应 SEM 模型研究的要求，在变量确定方面，我们将上述变量设计为一系列包含相应测定项目的潜变量体系。

（1）人力资本潜变量。以农户家庭户主的人力资本进行衡量，按照人力资本的不同维度构成，将人力资本设置成符合 SEM 模型要求的潜变量，其由健康、教育与技能 3 个维度的显变量测量项目指标体系构成。[①] 为了能形成可供分析的无纲化量表，每个维度测量变量均按照正向 1～4 级相对程度区间赋值，数值越大，反映了正向水平越高，根据长三角地区农户调研数据中的户主相应人力资本数据状况。

（2）非农就业潜变量。按照前述理论分析，衡量非农就业水平可分为职业层次、职业收入与职业风险 3 层维度，在实际调研环节，出于操作的便利，我们将职业层次分为 0～5 级采取了相对赋值方

---

① 基于能力视角，迁移人力资本的能力属性与作用效应在理论界尚存在着一些争议，加之本书采取的以非农就业地点作为衡量迁移人力资本方法，划分了 5 级区间，与前面几种人力资本类型赋值区间为 4 级有冲突，综上考虑，本章忽略迁移人力资本维度，而仅考察人力资本的三大核心维度，即健康、教育与技能。

式,而职业收入则采取了绝对数赋值方式,职业风险则划分为"是否签订合同"与"是否缴纳养老保险"两个层面,采取了(0,1)二元赋值方式,为了形成标准化量纲,我们剔除了二元赋值的"职业风险"维度测定项目,因此非农就业潜变量包含"职业层次"与"职业收入"两维度测定项目。具体赋值方式为:

——"职业层次"项目:确立以 0~5 的六级相对程度区间赋值,赋值形式为:农业或无业=0;农民工=1;雇工=2;个体户=3;技术人员=4;管理人员=5;数值越大,反映了职业层次水平越高。

——"职业收入"项目:为了便于形成标准化比较指标,我们根据长三角样本地区农户户主实际月均收入水平,确立 0~5 的六级相对程度区间,赋值形式为:200 元以下 = 0;201—1000 元 = 1;1001—2000 元 = 2;2001—3000 元 = 3;3001—4000 元 = 4;4001 元以上 = 5;数值越大,反映了职业收入水平越高。

(3)农户兼业程度潜变量。划分农户兼业行为类型的方式存在劳动时间法、就业结构法与家庭收入法等多种方法,我们将基于上述不同方法下兼业模式划分视为农户兼业潜变量的测量项目,共同反映农户兼业行为特征,基于统一量纲和调研数据的获取考虑,仅选择就业结构法与家庭收入法进行测量,而忽略劳动时间法。这样,农户兼业潜变量实际可包含两维度测量项目,具体赋值形式为:就业结构法维度,可按照非农化程度将兼业形态划分为 4 级区间,分为:半兼业 i 型=1,全兼业型=2,半兼业 ii 型=3,名义型=4;家庭收入法维度。为了形成不同项目之间的标准一致性要求,我们对基于家庭收入法下兼业形态划分方式进行了细微改进,即按照农户家庭非农收入占总收入比例(φ)四舍五入,将兼业形态也划分为 4 级区间。其中,$\varphi < 50\%$ 以下为低度非农兼业,$75\% > \varphi \geqslant 50\%$ 为中度农化兼业,$90\% > \varphi \geqslant 75\%$ 为中高度农化兼业,$\varphi \geqslant 90\%$ 的非农户为高度非农兼业,依次相对赋值为 1~4。

(4)农户离农意愿潜变量。理论上衡量农户主动离农形态可包括自愿流转土地而离开农业与自愿流转宅基地离开农村而迁居城镇两个层面,但考虑到在长三角样本地区,上述离农化形态发展呈现一定的不均衡趋势,相比而言,流转农地而离开农业可能是现阶段该地区农户离农决策的主要形态;加之受当时调研条件所限,课题组对农户宅基地流转主题关注得不多,导致相关离居信息采集可能不够充分和精确,综合权衡之下,我们决定放弃对农户主动流转宅基地而离开农村层面的考察,将农户离农意愿变量仅界定为农户是否愿意主动参与流转土地意愿这一单维度,以 0~1 二元选择衡量,愿意=1,不愿意=0。

这样可根据不同维度项目的测量值,形成潜变量的量化值,测量模型中的所有潜变量项目与描述统计结果见表 6-1:

表 6-1　潜变量及项目描述

潜变量	测量项目	赋值方式	均值	标准差
户主人力资本	A1 健康人力资本	经常生病=1;较差=2;一般=3;良好=4	3.217	0.456
	A2 教育人力资本	小学以下=1;初中=2;高中或中专=3;大专以上=4	2.531	0.925
	A3 技能人力资本	无技能=1;有简单操作技能=2;有较熟练操作技能=3;有专业技能=4	2.843	0.642
户主非农就业	B1 职业层次水平	农业或无业=0;农民工=1;雇工=2;个体户=3;技术人员=4;管理人员=5	2.556	1.273
	B2 职业收入水平	月均收入 200 元以下=0;201—1000 元=1;1001—2000 元=2;2001—3000 元=3;3001—4000 元=4;4001 元以上=5	3.982	1.873
农户兼业	C1 就业结构法	半兼业 i 型=1,全兼业型=2,半兼业 ii 型=3,名义型=4	3.572	1.132
	C2 家庭收入法	低度非农兼业=1;中度非农兼业=2,中高度非农兼业=3,高度非农兼业=4	3.528	1.026
农户离农	D1 流转农地意愿	愿意=1,不愿意=0	0.536	0.462

6.2.3 信度效度检验

由于测量模型中除了"农户离农"变量只包含 1 个项目,而其他几个变量均包含 2 个以上测量项目,因此,为了验证问卷数据中不同测量项目与潜变量之间的可靠性与契合度,需要进行问卷测定项目的信度效度检验。

1. 信度检验。采用 Cronbach's α 系数来测度模型变量各测量项目的内部一致性。一般而言,当 Cronbach's α 系数>0.7 时,表明该问卷量表可信度较高。我们使用 SPSS20.0 软件对问卷中各潜变量进行信度检验,结果见表 6-2,从总体看,所有变量测量项目的因素负荷量值均为 0.7 以上,组合信度大于 0.75,Cronbach's α 值也均>0.7,均表明测量模型的整体内在异质性好,可信度较高。

2. 效度检验。运用 KMO 与 Bartlett 球形检验法对各潜变量测量项目进行效度检验。经计算发现,人力资本、非农就业潜变量的 KMO 值均大于 0.7,样本分布的球形 Bartlett 检验值均达到显著性效果,表 6-2 结果显示,人力资本、非农就业与农户兼业潜变量的测定项目均具有较高的解释力,表明问卷变量项目数据可以用于实证研究。

表 6-2　变量项目的信度与效度检验结果

变量	测量项目	KMO	Bartlett 检验	因子载荷	组合信度	Cronbach's α
户主人力资本	A1 A2 A3	0.847	1233.285 (0.000)	0.825 0.843 0.812	0.832	0.845
户主非农就业	B1 B2	0.823	1187.364 (0.000)	0.816 0.764	0.789	0.812
农户兼业	C1 C2	0.783	963.275 (0.000)	0.735 0.725	0.716	0.784

6.3 模型结果与讨论

6.3.1 适配检验与模型修正

基于图6-1的分析框架,建立初始模型,并运用极大似然法(ML)对模型参数进行估计,结果见表6-3。

表6-3 模型的估计系数

	非标准化系数	标准化系数	S. E.	C. R.	P 值
农户兼业←户主人力资本	0.154	0.176	0.023	2.152	0.021
农户兼业←户主非农就业	0.228	0.214	0.024	4.673	***
农户离农←户主人力资本	0.176	0.206	0.027	4.861	***
农户离农←户主非农就业	0.368	0.332	0.045	8.157	***
农户离农←农户兼业	0.426	0.385	0.040	12.48	***
户主非农就业←户主人力资本	0.342	0.283	0.026	6.452	***

注:①非标准估计系数表示自变量改变一个单位,因变量或中间变量的改变量;标准化估计系数则表示自变量改变一个标准差时,因变量或中间变量的改变量。一般而言,当输入数据主要来源于调查测量,且度量方式相同时,两者差别不大,而当度量方式不同时,两者差别则较为明显。

由表6-3中的变量路径系数符号可知,所有因果路径系数的 β 值均为正数,表示其影响效应为正向,符合原先理论建构的模型假设。而显著性水平方面,所有六条路径系数 β 均通过了5%的显著性

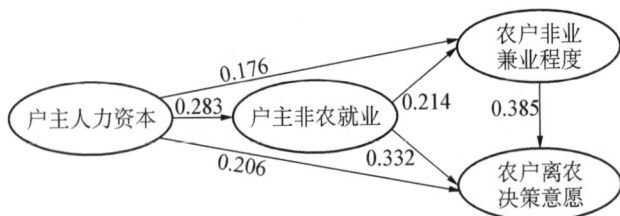

图6-2 最终修正模型变量的路径分析结果

水平,而模型的总体适配性检验结果为:$\chi^2/df = 1.823 < 2$, RMSEA $= 0.052 < 0.08$, AGFI $= 0.923 > 0.9$, GFI $= 0.926 > 0.9$, NFI $= 0.934 > 0.9$, IFI $= 0.915 > 0.9$,均达到较好的适配标准,表明模型总体较为理想,结果能够拟合样本数据情况。

6.3.2 结果分析

通过模型变量的系数结果,进一步计算出变量之间的直接与间接影响效应系数,从中可得出以下研究结果:

(1)家庭核心成员——户主因素构成了农户经济行为决策形成的关键环节。模型结果显示,所有变量模型系数符号均为正,表明农户兼业和农户离农这两大内因变量,均显著受到户主人力资本与非农就业外因变量的正向影响,户主人力资本禀赋越高、非农就业水平越强,更能促进家庭兼业非农化水平的提升,同时对农户最终参与土地流转而彻底离开农业决策具有积极作用。这也进一步验证了本书的核心结论,即无论是农户兼业发展还是离农化行为,其实质都属于农户决策行为,而农户决策的形成机制是由家庭内部集体主义与个人主义相结合的结果,一方面农户所有劳动成员的因素条件对农户决策具有某种影响,另一方面,家庭核心成员特别是户主因素则最终构成了对农户决策演进的内生决定作用。

(2)农户非农化兼业发展对农户主动离农决策具有直接而又显著的促进作用。表 6-4 显示,农户非农兼业对农户离农的直接影响系数高达 0.385,表明农户主动离农化决策机制应是建立在兼业农户非农化高度发展,进而不断减少并最终摆脱对农地生计保障依赖这一核心发展逻辑基础上的。而推动兼业农户非农化程度持续提升的根本路径在于促进农户成员特别是户主人力资本发展,以带动农户家庭非农就业增长与非农经济比例的攀升。这反映了在当前我国城镇化进程中,围绕探索如何促进和提升被征地农民长期化的参与土地流转的积极性与满意度水平的合理思路与路径时,不能仅仅停留于关注是否对农户及时足额的征地经济补偿,虽然这方面对保障被

征地农民的当前利益与短期满意度水平确实具有重要意义,但总体
而言,货币补偿方式对被征地农民影响可能同时存在"投资品"和"消
费品"双重反向效应。"消费品效应"是指被征地农民将补偿所得非
理性投入消费领域,甚至追求不健康的生活方式,同时降低了就业意
愿;而"投资品效应"是指被征地农民将所获补偿资金转化为人力资
本、物资资本等就业或创业投资,将有助于获得更好的非农就业发展
机会,从而有利于更深层次适应城镇环境,因此有效征地补偿政策的
重点应立足于强化长期"投资品"效应,而弱化短期"消费品"效应。
但在缺乏必要的引导条件下,特别是征地补偿不能转化为失地农户
有效非农就业发展的前提下,现有单纯短期货币化补偿方式并不能
解决农民长期可持续生计发展。甚至当少数被征地农户面对一次性
巨额补偿资金诱惑时,可能会导致其短期内就业与生活行为决策方
式的异化,而当补偿资金耗尽后则可能存在二次贫困风险,这反而恶
化了这部分农户对征地导致的离农化长期满意度认知水平。[①]

(3) 户主非农就业因素对农户主动离农决策具有双重影响效
应。表6－4显示,一方面,户主非农就业水平构成了直接促进农户
离农化决策的重要因素,其直接效应系数达0.332,另一方面,户主非
农就业水平也能通过影响农户非农化兼业程度,进而构成了对农户
离农化决策变量的间接影响,其间接效应系数为0.082。这反映了户
主既是农户家庭经济收入的主要来源,户主的非农就业与非农收入
状况将决定农户总体非农化程度水平,进而构成了影响农户家庭对
农地生计依赖程度与离农化的经济条件;与此同时,其也进一步表
明,户主作为农户家庭的主要劳动成员,构成了家庭决策的核心主

---

① 课题组在实地调研中,听到关于对一些获得征地补偿农民扭曲行为的戏谑:"拿到时笑,
回家后吵,用的时酷,用完后闹"。刚开始拿到补偿款时欢天喜地;而到了家庭围绕补偿
款如何分配和支出时常常暴发家庭矛盾,甚至出现夫妻离婚、亲戚反目等;在花费补偿
款时,有些农户摆酷、露富和炫耀心理明显,买房、买车、买奢侈消费品风气盛行,花天酒
地、赌博甚至吸毒等,肆意挥霍财富;当补偿很快用完后,又开始向各级政府或村集体
闹,要求继续补偿,否则不惜上访甚至聚众滋事。

表 6-4　户主人力资本、非农就业与农户兼业及离农化关系的影响效应系数

影响路径	直接效应	间接效应	总效应
户主人力资本→农户兼业	0.176	0.061	0.237
户主人力资本→农户离农	0.206	0.185	0.391
户主非农就业→农户兼业	0.214	—	0.214
户主非农就业→农户离农	0.332	0.082	0.414
农户兼业→农户离农	0.385	—	0.385

体,农户离农化决策行为更内在地体现为户主的决策意愿与发展条件。一般而言,当农户户主的非农化程度总体偏低时,即便家庭中存在其他一些次要劳动成员从事某种非农就业,并获得较高非农收入,但户主通常会基于家庭未来长期发展和不确定性风险控制的考量,仍难以形成农户家庭的彻底离农化决策意愿。

（4）人力资本是决定户主非农化发展能力进而推动农户家庭非农化决策的根本性因素。从图 6-2 中可见,户主人力资本变量构成了对农户非农兼业变量与离农决策变量的多维复杂影响路径,既包括基于户主人力资本的决策能力维度下对家庭兼业与离农决策行为的直接影响,更涉及到基于人力资本的非农就业促进维度下形成的对农户非农化兼业与离农的间接影响,从实证研究结果的各影响关系路径系数符号均为显著正值,充分验证了本书的核心思想,农户家庭无论是非农兼业还是彻底离农化等经济行为决策,其本质上是由农户人力资本因素及由此形成的"非农收入增长效应"、"与家庭决策效应"双重作用机制所驱动的,而农户人力资本因素既涉及到家庭所有劳动成员的人力资本状况,更深层次受到农户核心劳动成员——户主人力资本变量的影响,其中"家庭决策效应"的形成更显著受制于农户人力资本因素状况。

6.4　本章小结

在本书的理论部分,我们研究构筑了农户人力资本、非农就业与

农户兼业发展及主动离农决策之间的内在影响机制和路径假设。本章则基于农户核心劳动成员——户主视角,运用结构方程模型(SEM)方法对长三角地区 1894 农户调研数据进行了实证研究。所形成的主要研究结论为:

(1)家庭核心成员——户主构成了农户经济行为特别是家庭决策的主导因素。户主作为农户家庭的核心决策主体,其自身非农就业发展及其收入及其收入贡献对农户家庭非农收入水平具有决定性作用;同时户主也构成了农户家庭最终决策主体,户主的决策意愿与能力对户主家庭的经济决策行为的产生具有内在影响。而户主的人力资本状况是决定其非农发展能力与决策能力形成的关键因素。

(2)兼业农户离农化决策的形成,一方面体现为家庭收入效应特别是即期非农收入效应。从本章模型结果显示,长三角地区农户离农决策与其非农兼业程度成正相关关系。越是非农化兼业程度高的农户,非农收入占家庭总收入的比例越大,对农地的生计依赖度也较低,进而其主动离农化倾向也越强;而从之前分析也可发现,在当前城镇化农地征用过程中,一些地区所采取的征地货币化补偿行为,也将可能形成了对被征地农户一定程度短期收入增长效应,进而影响农户离农化倾向。根据作者的一项研究[1]表明,那些非农就业水平偏低的农户,征地后即便因为获得较高的征地补偿款,短期内对参与土地流转意愿和市民化程度认知具有直接显著的正向影响,但其长期效果却并不确定,其对征地的最终满意度也充满变数。

(3)另一方面,兼业农户的离农化决策更体现为家庭内部的整体决策效应,其中户主构成了家庭决策主体。SEM 模型揭示了户主的个体人力资本与非农就业发展对农户最终离农决策均具有显著的直接和间接正向影响效应,这充分昭示了使得农户离农决策还受到家庭预期决策的影响。户主人力资本水平越高,预期发展能力越强,

---

[1] 陈浩、葛亚赛,征地满意度、非农就业与失地农民市民化程度,《西北农林科技大学学报(社科版)》2015 年第一期。

越能构成对农户家庭未来长期收入增长与发展风险控制的良好预期,因此户主人力资本变量构成推动农户家庭形成长期稳定未来预期和持久性离农化决策行为的内生驱动因素。

(4)在当前研究促进兼业农户分化与鼓励一部分农户主动彻底离农化发展的政策思路时,既要充分考虑和评估农户家庭所有成员的人力资本能力、就业收入程度与离农意愿及要求,更要高度重视研究农户户主因素,考察其人力资本能力、非农就业发展状况以及离农需求意愿与决策能力,因为后者才是推动农户经济行为与最终决策形成的关键因素与决定者。特别是在城镇化征地及其补偿政策中,要将促进被征地农民积极就业作为完善征地补偿政策的重要切入点,强化征地补偿的"投资品效应",弱化"消费品效应",要积极鼓励和引导被征地农民运用征地补偿契机进行人力资本投资,形成"能力补偿"效应,提升其就业创业能力,实现家庭长期收入增长,以构筑兼业农户彻底离农化决策的内在保障机制。

第 7 章

城镇化背景下被征地兼农的分化行为研究：一个分析框架

　　人的分化是个社会学术语，意指特定个体或社会群体受内部禀赋条件或外部环境变迁的持续影响所导致的行为、能力和地位的变化及其差异度。当前我国正经历新一轮的快速城镇化进程，而城镇化及其土地非农征用行为作为一种强制性制度变迁行为，其或将构成对兼业农民分化发展的多重影响效应：首先是由征地导致兼业农民"强制被动式"离农化，从而形成了被征地兼农群体与一般兼业农民群体的分离；进一步地，受城镇化政策等因素的作用，被征地农民群体内部在征地过程中围绕以就业为核心的发展能力与水平方面也将可能面临分化演变；最后，受就业等能力分化的影响和推动，将最终导致被征地农民在融入城镇转型程度与市民化发展水平方面的群体分化。因此，有必要运用分化的理论视角，对城镇化背景下兼业农民的分化行为进行进一步跟踪研究，以深度揭示其持续性行为决策及演化规律，由于前文已经探讨了不同兼业农民的差异化离农行为模式及其特征，因此本章及第 8 章将侧重对城镇化背景下的被征地兼农的就业分化和群体分化行为进行理论和实证研究。

　　本章的主要任务是构筑相应的理论分析框架，结构安排为：首先是介绍相关基本理论；其次，从理论层面系统探讨被征地农民就业分化的涵义、特征及其形成机制；最后，研究被征地农民就业分化与群体分化的理论关系。

7.1 被征地农民分化的基础理论

被征地农民作为我国城乡转型背景下的特定农民形态,被征地农民分化的理论溯源可归结为农民社会分化发展,社会学的社会分层理论体系中的一些经典基础理论对研究农民分化问题具有很好的指导和借鉴价值。社会分层理论侧重探讨了社会成员之间群体分化形成的一般规律,对于社会成员的分化标准与形成特征,不同理论学派给予了不同解释。

7.1.1 马克思主义的社会分层理论

马克思主义从阶级属性角度对社会分层进行了研究,该理论认为,阶级的区别是划分社会阶层结构的核心尺度,阶级的划分有如下两个标准:①是否占有生产资料;②是否雇佣其他人为自己服务,从而划分出两大阶级,即资产阶级与无产阶级。按照马克思的观点,阶级是随着生产力的发展和私有制的产生而出现,随着生产资料私有制的废除,阶级亦将消亡。然而,社会成员之间的差别和社会层次却是永存的。

7.1.2 韦伯的社会分层理论

马克斯·韦伯(Weber,1921)被称为"现代社会分化理论创始人",他在经典著作《政治社会中的权力分化:阶级、身份与政党》中认为,社会是一个多元分层体系,因此在划分层次时,不应只遵循"经济"唯一标准,划分社会层次的应存在"三位一体"标准,即:财富——经济标准,声望——社会标准,权力——政治标准。他认为,上述三种要素禀赋在任何社会中都是稀缺的,每个社会成员所拥有的禀赋条件差异,决定了其所处社会层次和地位。韦伯强调的这种多元性的社会阶层理论同马克思把阶级视为生产力与生产关系的结构的理论是根本不同的,韦伯的多元标准理论对西方学者产生了重大的影响,此后,西方社会学家对社会分层的研究,大多继承了韦伯的理论,并在此基础上提出了各种分层模式和理论(戴维,波普诺,1999,p. 272)。

7.1.3 职业地位获得模型

在韦伯的理论基础上,美国社会学家布劳(P. M. Blau)和邓肯(O. D. Duncan)在其合著的《美国的职业结构》一书中,提出以人们的职业地位作为划分社会阶层的重要立论依据。他们认为,由于工业化的发展,社会分层结构的形成因素趋于多元化与复杂性,但就业作为重要经济行为,虽然职业并不能包含阶层中的所有因素,但它却是决定社会成员获取经济资源的首要因素,同时职业属性也决定了社会成员信息获取、交往环境以及集体认知的形成,因此,社会成员之间所拥有的职业结构分布差异,对其所处的社会层次结构的形成具有重要作用,因此社会不平等的形成与就业不平等存在紧密联系,而其主要取决于个体及家庭代际之间围绕教育、技能等人力资本因素的影响。布劳—邓肯的职业地位模型构筑了就业分化与社会层级分化之间的内在关系,并为后来经济学领域的不平等研究以及社会学领域的社会分化的研究提供了重要基础,其也成为本书研究的理论基础。

7.2 被征地农民分化的形成机制及衡量体系

西方理论从不同层面对农民分化问题给予了合理解释,但却不能完全适用于对被征地农民分化的研究,这是因为,一方面,我国特定国情决定了改革开放以来农村社会经济结构的转型与农民就业演化路径具有显著的中国特色发展特征,因而西方相关经典理论不能完全照搬;另一方面,被征地农民也是我国城乡二元结构一元化发展模式下,建立在由城镇化土地征用这一外部强制性制度变迁属性下所形成的特定群体,其分化行为有其内在特性与规律,而其中突出特征为:由经济分化构成了农民分化发展的核心主线和根本动力,而就业状况及由此决定的收入状况是衡量经济分化的关键指标,正是源于就业、收入等经济层面分化发展,推动了我国不同时期农民在政治、社会、文化以及心理认知等多层面领域的分化演变,从而促进了农民群体的深度分化。当前被征地农民的分化过程,从根本上也体现了由经济领域分化向非经济领域分化的持续扩展过程,因此,探讨我国被征地农民分化的理论机制,首先要从把握其就业分化的基本属性入手。从历史角度看,改革开放以来,我国农村经济社会发展历程贯穿了农民的持续就业分化和群体分化进程。

7.2.1 我国农村改革发展历程中的农民分化阶段演进

改革开放30多年来,中国农村相继实施了一系列重大改革,推动了农村社会经济结构的巨大转型与变迁,也实现了农村经济增长与农民福利水平的显著提升,然而,通过审视农村改革发展的重要历程,我们发现,这是与不同阶段农民的就业分化及由就业分化推动的农民生产、生活等经济方式乃至农村社会结构的分裂演变紧密关联的,换句话讲,农民就业分化阶段演进构成了我国农村改革发展和农民群体分层演变的突出特征与重要推动力之一,通过研究发现,伴随着就业结构演变,我国农民分化大体经历了三个阶段历史演进进程。

(1)第一阶段(1978年—80年代末):从农业向"离土不离乡式"就近兼业分化。以家庭联产承包制为核心的农村经济改革的实施,释放了大量农业剩余劳动力,推动了农村非农产业发展,使得越来越多的农民以"离土不离乡"形式就近进入乡镇企业等非农领域就业,推动了我国农民从农业向非农兼业的第一次就业分化阶段的形成,同时也造就了第一代兼业型农民的形成,但考虑到当时大多数乡镇企业以拾遗补缺起家,整体发展水平偏低,对农户家庭的收入结构和就业结构贡献度有限,因而农户家庭的兼业形态更趋于非农结构并不占主导地位的 I 兼户形态,但却实现了与完全从事农业的传统农户形态的分离,从而构成了改革开放以来的第一次农民群体分化。

(2) 第二阶段(90 年代初—90 年代末):从就近兼业向"离土又离乡"异地非农就业分化。伴随着我国确立社会主义市场经济体制的发展目标,农村乡镇企业进入了新一轮的改制和发展转型阶段,与此同时,国企和城市户籍、社保以及公共管理体制改革也陆续启动,由此阻碍城乡、区域间劳动力和其他经济要素流动的坚冰逐步消融,农村劳动力得以在更大的空间和更高的层次实现非农就业发展,从就业模式上体现为以追求更高职业水平和更高收入为动机的"离土又离乡"式的异地非农就业流动,构成了对原先就近兼业的替代,形成了迄今上亿规模的农民工流动大军,不容否认的是,民工潮的形成对改善贫困农户家庭的经济条件发挥了重要作用,虽然此阶段我国农村尚未形成大规模的农地征用和流转,农户兼业现象依旧普遍,但相比更高的非农务工收入却极大地提升了家庭经济结构的非农化比例,从而实现了一部分兼业农户从原先的 I 兼户向 II 兼户乃至纯农户形态的演变,从而形成了我国第二次农民群体分化阶段。

(3) 第三阶段(21 世纪初—迄今):被征地农民的就业分化。步入新世纪以来,我国启动了新一轮以农村工业化与城镇化为核心的非农化发展战略,农地非农化征用强度加大,由此导致了农村逐步形成了一类特定新社会群体——被征地农民,由于土地征用具有一定的强制性制度变迁属性,因而将构成了对农民形成新一轮分化的外部推动,一方面导致农民就业的进一步深度分化,土地被征用,将使得被征地农户家庭成员自愿或非自愿地完全离农化,其中一部分人力资本较高的农户成员完全进入了城镇非农领域就业,成为纯粹意义上的非农产业工人,更有一些拥有卓越企业家才能的农民利用征地补偿契机而选择自主创业,上述就业结构变迁将使得原先非农兼业形态被完全非农就业所替代;而与此同时,一些人力资本能力偏低的农民在被征地后，却难以寻求到相应的非农就业机会，而选择主动/被动式失业，由此导致新一轮农民的就业分化格局。而被征地农民围绕就业形态的深度分化不仅构成了宏观意义上的农村乃至城乡经济结构的深度转型要求，同时对不同被征地农民微观个体及其家庭的经济状况与发展能力也具有深远影响，那些处于低就业层次的被征地农民，即便在短期内源于征地补偿其家庭经济状况暂时得以改善，但从长期角度看，在缺乏有效就业支撑下，农户家庭可持续经济维系能力无疑也难以保证，因此，被征地农民长期经济分化状况将逐步得以显现，从而将构成对被征地农民融入城镇化后的长期市民化转型能力的差异化影响，这将催生被征地农民内部的进一步群体分化格局。

基于此，不难发现，当前被征地农民就业分化及由此带来的新一轮群体分化态势既是推动我国农民步入新一轮分化发展的历史阶段，同时也是事关我国农村现代化和新型城镇化发展的第三次重大转型变迁的核心议题，具有重要研究价值。

7.2.2 被征地农民就业分化的形成模式

被征地农民就业分化的形成是与多重因素紧密关联的，一方面，我国被征地农民群体的形成是与城镇化背景下农地征用行为密不可分的，因此，农地征用构成了被征地农民就业分化形成的直接而又显著的外部推力因素；而另一方面，被征地农民就业分化过程也与其自身及家庭所拥有的非农就业发展能力与禀赋资源等内部因素相关，而两层面因素之间的相互作用与叠加演变构成了不同被征地农民就业分化路径与基本模式形成的重要基础。从其内在机制看，被征地农民就业分化的形成大致存在两种路径模式：

1. 外部分化模式

是指由被征地农民与未征地农民之间所形成的就业模式分化差异程度。对于那些从事纯农业与农业兼业等涉农就业模式的农民而言，城镇化土地征用将直接构成对其就业模式和形态的冲击与影响，原先依赖土地维系的农业及农业兼业的就业形态被颠覆,这在经济欠发达地区尤为明显。如果被征地农民所拥有的人力资本水平偏低,缺乏非农就业能力,将可能形成"被动型"就业模式变迁,陷入因无地可种而"被迫"失业或半失业;而如果被征地农民能利用征地契机,集聚起足够的从事完全非农就业的人力资本、物力资本与社会资本,及时实施"主动型"就业模式变迁,将实现由征地前的涉农就业向征地后的完全非农就业甚至非农创业的就业模式转型。上述无论是"主动型"还是"被动型"就业模式变迁,都能推动被征地农民与未征地农民之间显著的就业形态与就业模式差异性拉大,进而构成了第一层次被征地农民就业分化形态。

2. 内部分化模式

即由被征地农民内部差异所形成的在非农就业层次与水平的分化差异。应看到的是,在一些经济发达地区(如长三角区域)农村,由于长期的农村非农化发展,因此,在征地之前,当地农民从事非农就业比例就较高,土地承载的就业功能不强,因此城镇化土地征用并不构成对被征地农民就业模式的显著冲击与影响,但征地及补偿政策却会直接影响农民手中土地的经济价值与最终保障功能,这一方面会构成对被征地农民及家庭的基于成本—收益的劳动供给模式决策的影响,比如,较高的征地补偿,可能会弱化一部分被征地农民的就业意愿与就业强度,导致其选择从征地前的非农就业转化为征地后的"自愿"型失业半失业或非劳动型就业(如出租物业等)的完全分化形式,但更可能的是,被征地农户作为理性人假设,其类似于新劳动迁移理论的决策范式,将会围绕征地方式及其补偿机制对其个体及家庭经济与生计发展所带来短期和长期、绝对与相对以及现实与预期的收益、成本与风险进行审慎而又全面的评估,同时也会根据新的条件下其个体及家庭所拥有的人力资本、物力资本以及社会资本等就业资源条件的变化,进行新一轮就业决策,由此将形成错综复杂的农户家庭劳动配置与再分工机制,进而导致不同被征地农民个体征地前后围绕所从事的非农职业形态与层次水平等非农就业内部结构方面的深度分化,因此,这构成了发达地区区别于欠发达地区的被征地农民就业分化的重要特征。

由此可见,被征地农民就业分化的形成,其主要重要外在机制在于土地征用因素,而其核心内在机制却取决于农民所拥有的人力资本等核心就业要素与个体及家庭禀赋能力的强弱,因此,理论上当不同农民之间存在上述两层面因素的差异时,这将导致被征地农民间就业分化格局的形成并不断深化。

7.2.3 被征地农民就业分化的衡量体系

从内涵角度看,本书所研究的被征地农民就业分化主题侧重考察基于城镇化背景下不同农民之间在就业发展方面的分裂演变与差异程度,既涉及到基于不同形成机制下的农民间的就业模式的分化差异,也存在不同被征地农民在就业层次与水平差距下的分化。因此,综合衡量被征地农民就业分化体系具有多方面层次特征,至少可包含以下几层面:

1. 就业模式

就业模式是劳动主体所从事就业形态的根本体现。对于农民而言,其具体就业模式大致可分为农业、兼业①、非农就业与无业四种形态,以劳动者的非农劳动时间比例衡量,其中:$\geqslant 90\%$ 为非农就业;$10\% \leqslant$ 且 $< 90\%$ 为兼业,$< 10\%$ 为农业,劳动时间等于或近似等于零为无业。这样,由征地前后农民就业模式的变化将构成了反映被征地农民就业分化程度的首层指标。

2. 职业层次类型

职业学认为,职业存在某种层次属性,职业层次的高低对从业者经济和社会阶层地位的演变具有直接而又显著的影响,职业层次的变化不仅可清晰地反映个体就业类型的演变,更构成衡量其就业发

---

① 严格意义上还可以按照非农比例,将兼业进一步划分为非农化较低的Ⅰ兼业与较高的Ⅱ兼业,但基于本章研究主题,我们不对兼业进一步细分。

展水平的重要方面。因此,职业层次变化成为衡量被征地农民就业分化的第二层次指标。

著名社会学家陆学艺将 80 年代以来国内农民的职业层次类型按照从低到高分为 8 层:农业劳动者、农民工、雇工阶层、农民知识分子、个体劳动者与工商户、私营业主、乡镇企业管理者与农村管理者。本书基于数据采集和研究便利的考虑,按照职业类型特点,将被征地农民职业层次按照从低到高归纳为以下 5 类:

(1) 最底层:农业劳动者和无业。[①] 为了与陆学艺等学者的研究范式一致,我们将征地前农民从事的纯农业界定为最低职业阶层,但征地后,这部分农民因无地、少地可种,而可能面临失业或半失业状态,因此我们将上述两种形态合并,共同成为职业层次的起点。

(2) 中低层:零工。是指农民从事一线岗位,但属于短期雇用性质,以是否签署劳动雇用合同情形来度量,具体可包括:没有签署劳动合同的农民工、零时工和签署合同期限<6 个月的各类临时工等等。之所以将短期雇用纳入职业层次的中低层,主要考虑:一方面,与最底层相比,该层农民开始从事非农职业;但另一方面,相比其他层次,该层非农职业水平总体还很低,由于缺乏长期合约保障,因此从业者无论是在职业门槛、岗位强度、薪酬水平、安全风险以及劳动权益维护等方面都处于显著劣势。

(3) 中间层:雇工。与零工相反,长期雇工是指农民与用人单位签订雇佣期限≥6 个月劳动合同的一线岗位。一般而言,能够提供较长期正式雇用合同的企业,其综合实力与运营水平也较高,在用工流程和劳动保障体系方面也更为规范,因而更有利于维护农村务工

---

① 严格意义上,完全失业者谈不上职业层次,但如果以劳动时间作为衡量个体就业程度,可发现纯粹意义的劳动时间为零的所谓绝对失业是罕见的,即便是那些不出去工作而居家的无业女性,按照家庭理论观点,其照看家庭行为本质也属于一种劳动供给(Becker,1962),但可以归结为极低职业层次。

人员各项合法权益。

(4)中上层：技术人员。(2)、(3)两层职业形态本质上都属于企业一线生产岗位，我们进一步将在企业或农村从事专业职能服务的岗位归类为技术人员层次，具体形态上包括：乡镇企业或其他企业的各类专业技术人员，如工程师、生产管理、会计、营销人员、农村建筑承包人、服务业技师等，此外，也包括农村知识分子，如教师、医生等。

(5)上层：个体户与管理者。主要包括个体与私营业主、各类企业管理者以及乡村干部。由于相比其他层级都属于他雇性质，该层次职业具有较强的自主创业特性或拥有较大的职业权力，因此我们将其视为被征地农民职业层次的最高层形态。

以上构成了衡量农民职业层次的基本类别，不难发现，其涵盖了从农业到非农领域，但以非农领域为主，因此，农民职业层次分化的实质是从事非农就业农民之间在非农职业形态上体现出的异化和发展差距，因而从征地前后的农民职业层次演变中也可窥斑见豹地洞察城镇化土地征用对农民就业尤其是非农就业的深入影响程度，这构成了本书的研究目的。考虑到部分农民兼业特性，我们以其所兼的非农职业作为考察其职业层次的基本依据。

3. 非农收入水平

收入也是反映个体就业与经济福利状况的重要指标，而非农收入水平与农户家庭就业结构特别是非农就业状况存在紧密关系，因此我们运用非农收入水平作为衡量被征地农民就业分化的第三层面指标。

对于被征地农民而言，失地前，其非农收入水平完全取决于其非农就业工资收入，但征地后其非农收入结构发生了变化，一方面，土地征用补偿成为农民非农收入的另一来源，但另一方面，被征地农民也将面临由就业模式及职业层次演变而导致的工资收入水平变化，其将构成对农民非农收入水平的持续影响，故衡量被征地农民非农收入状况应同时考虑上述两方面因素。

当前长三角地区对征地农民的安置补偿方式中,采取一次性货币补偿方式占很大比例,这使得被征地农户短期内能获得一笔可观的非农收入,但我们认为针对被征地农民征地补偿政策的出发点应是,以满足和补偿农民今后一段时期的土地经济损失与必要生计花费为基础,因此理论上补偿金不能仅视为农民的一次即期收入,而应按照一定期限延摊核算为逐期收入,但目前无论是学术界还是政策部门对合理延摊期限并没有明确界定,故出于研究便利,本书假定期限统一为 5 年(即 60 个月),这样可将被征地农民获得的一次性征地补偿款延摊为月均补偿收入。为此,我们设计了一个综合收入指标 R(元 / 月),则 $R_i = Wage_i + R_{land}$,其中,$Wage_i$ 为第 i 个被征地农民月均非农工资收入额,R_{land} 为该农民所获得的征地补偿安置费月均延摊金额,通过对比失地前后不同农民非农收入水平变化,可揭示被征地农民总体收入分化程度,同时也能够从另一层面揭示其总体就业发展状况。

4. 养老保障类型

社会保障能够反映劳动者面临的生存与就业发展风险程度,其中养老保险是社会保障的核心,而养老保险类型与劳动者从业类型与层次水平存在显著关联。目前我国养老保险体系类型大致分为政策性和商业性两类,其中,政策性养老保险包括:(1)基本保险,是指城乡民众实施的基本养老保险,包括城镇居民基本养老保险、农村居民新农保和被征地农民基本生活保障等;(2)职工保险,指由企事业单位与职工共同缴费参加的政策性养老保险;而商业保险指由保险公司提供的商业化养老寿险等。由于当前我国社保政策不允许参保人员同时参加两项政策性保险,但允许同时参加一项政策性保险与商业补充保险(在本书的长三角失地农户调研中"农民养老保险类型"也存在一些双选样本)。一般而言,其他条件既定,保障补偿水平上存在基本保险<职工保险<商业保险的特征。

对于被征地农民而言,通过考察征地前后是否参加以及所参加的养老保险类型不同,可进一步反映其在社会保障水平方面的差异与分化度,这构成了衡量被征地农民就业分化的第四个层面指标体系。

以上四个层面构成了本书对被征地农民就业分化衡量体系的基本界定,其中就业模式与职业层次构成了被征地农民就业分化程度的最基础而又核心的指标层面,本书的实证研究部分也将主要以这两层指标作为衡量就业分化变量的核心指标。而非农收入与养老保障类型指标可视为对前面两层基础指标的进一步完善与拓展,因此,通过构筑上述"四位一体"统计指标体系,有利于从更系统、更全面角度揭示被征地农民就业分化程度。

7.2.4 影响被征地农民就业分化的因素分析

通过以上分析可知,被征地农民就业分化受到从内在到外在,从个体、家庭到制度环境等多层面因素体系的影响,为便于后面的实证建模研究需要,我们简单筛选了以下三层面基本因素指标体系。

1. 个体人力资本特征

劳动经济学认为,劳动者就业状况首先取决于其自身劳动能力,其受年龄、性别等人口特征影响;而人力资本理论更进一步明确了人力资本对劳动者的劳动就业等经济能力具有内生决定作用。国内外大量研究证实,农民的非农就业与其自身人力资本之间呈现显著正向相关关系,农民人力资本禀赋水平越高,其个体把握非农机会乃至成功实现非农就业和获取较高非农收益等意愿和能力就越高,进而导致其本人及家庭非农化迁移能力及倾向将越强,而反之则越弱(赵耀辉,1997;蔡昉,2001;Brown,2002;陈浩,2008 等)。

因此,对于被征地农民而言,当个体人力资本禀赋越高,从事高层次非农就业水平也越高,其抗劳动市场风险能力也越强,因此失地后,与其他农民的就业分化度也将越大。根据上述分析,我们整理了以下指标:年龄、性别、健康水平、教育程度以及技能培训程度等,作为反映个体人力资本特征的基本变量因素。

2. 家庭及区域特征

大量研究证实,区域与家庭因素也构成对农民就业发展的显著影响,基于本书主题,我们仅遴选了3个核心指标(见表7-1)。其中衡量经济发达程度的"地区类型"指标和到中心城镇距离的"家庭所在地类型"指标能较好地反映区域特征,这是因为,相比之下,处于经济越发达地区以及越接近城镇的农户,其家庭成员获取非农就业机会和就业水平也越高,对农地生计依赖度也将越低,土地征用对其就业冲击分化影响程度越弱。而社会资本则体现了家庭拥有就业发展的社会关系资源程度,我们以"直系亲戚有无乡村(或企业)干部"指标来衡量,众多研究证实,社会资本对农民个体获得非农就业机会具有重要作用,因此当失地农户家庭所拥有的社会资本资源越丰裕,意味着其土地征用后,相比其他农户,从事非农就业机会和能力越越大。

3. 土地征用特征

被征地农民就业分化的最直接外部推力是土地征用因素。我们将土地征用因素细分为三个层面:

(1)征地程度。本书以累计征地面积占农户耕地的比例指标来衡量。不同征地程度将决定农户家庭最终拥有的农地禀赋状况,这将对被征地农民就业选择具有重要影响。当征地比例越高,意味着农户征地后从事农业或兼业等涉农就业的可能性越将降低,此时农民将存在显著的"外力推动下"的就业转型特征。

(2)征地用途。不同征地用途将形成不同开发产业与项目类型,这也将对周边的被征地农民带来不同的就业机会,这种就业机会包括两种类型:一是直接型,如征地开发企业或项目直接提供了适应被征地农民能力的岗位机会,从而就近吸纳招募被征地农民就业,如一些技能水平要求不高的劳动密集型制造业或短期要求大量体力型劳动者的基础建设、房屋建筑等行业;二是间接型,即该项目虽然不能直接提供符合被征地农民要求的就业岗位,但却能通过区域产业辐射或带动效应,如某大型房产开发或投资项目也能刺激带动周边的商贸、交通、餐饮服务等第三产业发展,这也可能给当地被征地农民带来一定的间接就业机会。当然,这仅是一般分析,对于不同被征地农民个体而言,征地用途因素对其就业影响是不确定性的,因此,调研中我们整理出 4 类可能性征地用途,用以考察其对被征地农民就业分化的影响程度。

(3)土地征用补偿方式。总体而言,土地征用补偿既能增加被征地农民的实际收益水平,同时又对其就业决策与未来预期产生某种影响,但受不同征用补偿方式特点,其影响效应是存在一定的差异的。本书结合实地调研情况,梳理出目前长三角地区被征地农民征地补偿方式大致可包括四类:

① 货币补偿。是指相关部门按照国家与省有关政策,对被征地农民采取一次性或分期发放现金货币形式作为征地补偿手段,从调研情况看,当前长三角地区农地征地补偿方式也呈现多元化和组合化,但其中货币补偿是采取的最主要方式,在所回收的 858 份失地农户有效样本中,有 742 个失地农户获得了货币征地补偿,占比高达84.5%。货币补偿能短期内直接增加失地农户的非劳动收入,这可能对农民的劳动参与及劳动供给决策产生不确定性影响,一是"收入效应",即由被征地农民非劳动收入增长而降低了其劳动参与倾向与水平;二是"替代效应",即被征地农民可能将所获得的补偿资金转化为人力资本、物资资本等非农就业投资或自主创业投资,从而获得更高层次的非农就业发展。

② 社保补偿。指有关部门对被征地农民采取转社会保障方式进行征地补偿,具体形式包括,将征地补偿款不完全发放给被征地农户,而是由社区或村镇集体组织出面,在上级部门政策指导下,通过将征地补偿款转接或补缴社保基金,从而取得城镇居民基本养老保险、医疗保险或新农保、新农合等,也有一些地区(如江苏镇江)采取与被征地农民合作筹资(征地补偿+个人筹资形式),使得被征地农民能进入相对更高层次的社保领域,如参加城镇职工社会保险体系、商业保险公司推出的面向被征地农民的健康养老寿险等,从而

形成了对被征地农民的社保补偿。相比货币补偿偏重于短期利益保障,而社保补偿更侧重于对被征地农民构筑中长期生存与发展保障,从而有利于化解未来风险,解决其后顾之忧,这对被征地农民的劳动就业决策特别是选择创业等风险型就业,具有某种可能性促进效应。

③ 就业补偿。指有关部门制定针对性的被征地农民就业补偿政策,通过采取对被征地农民安置就业岗位等直接形式或"政府购买服务"等间接形式提供就业机会、扶持就(创)业,努力实现农民"失地不失业",因此,有效的就业补偿对促进被征地农民尤其是自身市场化竞争能力不强的弱势被征地农民就业发展具有重要意义。

在 2005 年之前,长三角地区土地征用政策中的就业补偿方式大多采用由征地单位安排吸纳被征地农民就业等直接方式进行,但近年来,随着我国劳动就业市场化改革的深入与征地补偿思路的转变,政府部门采取直接就业安置补偿方式的比例越来越少,但针对被征地农民间接就业补偿体系却也没建立起来。虽然现阶段各级劳动社保等相关部门存在着针对包括被征地农民在内的城乡民众就业发展与扶持相关政策,但围绕被征地农民的系统性、专业化、长效性就业补偿政策体系却尚未构建,特别是没有将征地补偿过程与被征地农民就业能力培育、就业机会构筑、扶持就业升级与发展过程有效整合起来,导致征地政策与被征地农民就业扶持政策相对脱节。考虑到就业对被征地农民生存发展的重要意义,因此,我们有必要重新审视征地政策中的被征地农民就业补偿政策。

④ 其他补偿。在调研中发现,当前长三角地区面向被征地农民还存在一些其他征地补偿方式,主要包括:土地股份分红、安置房补偿、异地以地换地安置等形式,但由于这部分样本不普遍且较分散,故本书将其统一纳入"其他"项。

根据以上的理论分析,我们构筑了如表 7-1 的被征地农民就业分化以及相应特征因素统计指标体系,在此基础上,下文将运用长三

表7-1　被征地农民就业分化及其特征因素变量的统计指标体系

一级指标	二级指标	编码	一级指标	二级指标	三级指标	编码
被征地农民就业分化衡量指标体系构成	就业模式 农业 兼业 非农就业 无业	1 2 3 4	个体因素	年龄	35岁以下 36—45 46—55 56岁以上	1 2 3 4
				性别	男性 女性	1 2
				健康	良好 一般或较差	1 2
	职业层次 最底层(农业/无业) 中低层(短期雇工) 中间层(长期雇工) 中上层(技术人员) 上层(创业/管理者)	1 2 3 4 5		教育	小学以下 初中 高中(中专) 大专以上	1 2 3 4
				有无技能	有 无	1 2
			家庭、区域因素	地区类型	一类地区 二类地区	1 2
				家庭所在地	近郊 远郊	1 2
	非农收入水平(元/月) 800以下=1 801—1600=2 1601—2400=3 2401—3200=4 3201—4000=5 4001以上=6			社会资本	有 无	1 2
			土地征用因素	征地程度	50%以下 51%—90% 91%以上	1 2 3
				征地用途	基础设施 经济开发区 房地产开发 其他	1 2 3 4
	养老保障类型 无保险 基本保险 职工保险 商业保险	1 2 3 4		补偿形式	货币补偿 社保补偿 就业补偿 其他	1 2 3 4

角地区被征地农民调研数据进行统计分析。

7.3 被征地农民就业分化与群体分化关系研究

7.3.1 被征地农民群体分化的核心体现：市民化程度分化

所谓农民市民化反映了在城乡转型背景下向城市迁移的农村人口所获得城市市民身份及与此相对应的经济、社会和心理层面的市民化能力与适应状况（郑杭生，2005）。土地征用后，被征地农民群体将面临着融入城镇的市民化转型发展要求。但市民化转型既是最终目标，更是一个持续发展过程，而基于特定时点，受种种因素影响，不同被征地农民之间可能存在着围绕市民化程度和水平存在某种差异性，本书将这种市民化程度的差异性作为研究被征地农民群体分化的重要内容。从实际情形看，伴随各地政府在户籍制度等非农政策方面的松动，被征地农民通过农转非获得市民化身份已非难事，因此衡量被征地农民市民化程度的核心在于其所拥有的市民化能力状况，根据不同能力属性，具体可分为以下 3 个层次：

① 经济能力。征地后，被征地农民首先面临是否具备短期和长期城镇化生活所需的经济条件和支付能力，其经济能力高低构成了影响被征地农民市民化发展程度的重要前提和基础。

② 社会能力。是指被征地农民在城镇居住与就业新环境下其社会交往能力、范围以及群体适应度等，而不同被征地农民其在社会能力层面的差异，将直接反映了被征地农民基于社会人属性下在新的城镇化环境下的社会性需求满足程度，这将最终决定被征地农民能否形成适应现代文明下的社会交往、信息获取与沟通能力，这对被征地农民从传统小农向现代市民化的角色转型和塑造现代性生产方式、生活方式和人际关系具有积极作用，因此社会能力构成了衡量被征地农民市民化程度的另一层面重要指标。

③ 心理能力。是指征地后被征地农民是否从内心深处对城镇市民化角色的自我认同和心理归属。一般而来，农民市民化心理能

力的形成既受到外部经济、社会和环境因素的影响，更决定于个体内部的心智模式、认知水平等根本素质，而后者具有一定的相对独立性和稳定性，因此，在市民化三维度能力架构中，心理能力是体现市民化程度的最高层次指标同时也是较为复杂的形成过程，市民化经济能力和社会能力对市民化心理能力而言，是必要条件而非充分条件，换句话说，被征地农民具备了市民化经济能力和社会能力，却不一定直接导致其心理能力的形成，培育其较高的市民化心理能力，既需要培训必要的市民化经济能力、社会能力和有益的环境条件，更重要的是要通过改善被征地农民人力资本特别是教育人力资本水平，增强其自我转型和学习能力，以塑造能够理解、接受新事物、新信息和适应新环境的能力素质。总之，只有具备了高度的市民化心理能力，被征地农民市民化转型才能最终得以实现。

综上所述，被征地农民所拥有的多种市民化转型能力类型及水平的差异构成了反映其群体分化的核心内涵，而从市民化能力的形成机制看，就业分化对被征地农民群体分化发挥了重要影响作用。

7.3.2 就业分化对被征地农民群体分化的作用机制

1. 由就业分化直接导致的收入分化，是被征地农民群体市民化经济能力差异形成的前提与基础

对于被征地农民而言，虽然征地补偿可能使得其家庭获得一些收入，从而能够影响家庭收入状况和经济条件，但从属性上看仅属于短期收入流，就业作为人的重要经济行为，是劳动者个体及家庭获取长期经济收入的主要来源，而大多数农户家庭获取长期稳定收入流和持续改善经济条件的基石也应是高度依赖就业及其所形成的劳动回报。由此可见，就业是衡量个体经济因素的关键指标，就业分化将直接导致群体间收入分化，进而是构成群体间经济能力分化的首要条件与基础。对于被征地农民而言，征地后，其市民化转型过程可能首先面临经济能力的分化阶段，表现为不同农民个体及家庭之间在

步入城镇化环境下围绕经济收入水平以及由收入所决定的消费、储蓄乃至投资等其他经济行为方面的分化与差距。一般而言,非农就业是劳动者获取经济收入的主要来源,因此被征地农民围绕就业模式、职业层次以及非农工资报酬水平等非农就业因素对其市民化经济能力分化的形成具有重要影响,基于此层面,就业分化就构成了被征地农民市民化经济能力分化形成的重要基础,同时也是衡量被征地农民群体分化程度的直接体现。

2. 持续的就业分化将最终推动被征地农民群体在市民化社会能力与心理能力等方面的长期深度分化

经济基础决定上层建筑。征地后,由被征地农民从事的职业层次形态、工资水平、风险程度等层面的就业分化,不仅能够构筑一种不同被征地农民群体间的长期经济分化格局,同时也将诱使被征地农民在新的城镇化环境下的社会交往范式、群体归属以及自我认知心理及其行为方式等诸多方面形成显著的群体间的差异,最终导致在社会和心理层面的市民化能力的差异。那些非农就业能力水平较高的被征地农民,不仅能获得更高的工资收入,有利于增强其家庭进入城镇化生活和发展的必要经济能力,更重要的是,当其所从事的职业层次越高,越能降低劳动强度和危险性,减少患上各类职业病的风险,而且其工作中的交往网络结构也逐渐向异质性转化,有利于融入城镇生活,促进身心健康,更能加快形成新的社会交往空间和交往模式,培养健康人格、树立信心、提高适应力,从而推动被征地农民步入深度市民化程度分化阶段。

总之,就业因素对市民化的三维能力体系——经济能力、社会能力和心理能力的形成和发展构成了重要影响,由此形成如下研究假说:被征地农民的就业分化将对其市民化能力分化具有显著正向影响,当被征地农民个体的非农就业水平越高,其总体市民化转型发展能力和程度水平也越强。第8章将运用实证研究方法对上述假设进行检验。

7.4　本章小结

　　本章主要围绕被征地农民分化行为进行了理论研究。首先综述了社会分层理论相关基础理论，进而梳理了改革开放以来，不同阶段时期我国农村社会经济体制改革与结构转型进程中的农民就业发展和群体形态演变关系，重点揭示了农民就业分化与其群体分化之间存在的螺旋式演变关系，在此基础上，侧重探讨了城镇化土地征用背景下被征地农民群体就业分化的形成机制与模式，构筑了"四位一体"的被征地农民就业分化衡量架构，进一步分析了影响被征地农民就业分化的因素体系，进而构建了相应统计指标体系，最后从理论层面论述了就业分化与被征地农民市民化能力分化之间的内在关系及其作用机制，进而提出了被征地农民的就业分化是其市民化能力分化的重要影响因素这一核心研究假设，为下一章的实证研究提供了必要的理论基础。

第8章

长三角地区被征地农户分化
行为的实证研究

在本书所开展的面向长三角地区 1894 份兼业农户抽样调研数据中，其中有 858 份为所在区域发生过大规模征地行为（征地率 a ≥ 90%）的被征地兼农样本，受征地行为的影响，上述农户家庭均已实现高度离农化，不仅完全离地，且多数也已经或拟迁居不同类型城市（城镇）生活与发展。调研中初步发现，与征地前相比，征地后的兼业农民群体不仅存在由涉农就业向非农或无业等就业模式分化，更存在着非农就业结构内部的深度分化，同时其市民化感知程度也表现出显著的差异和分化，因此，本章将在第 7 章理论分析的基础上，基于 858 份长三角离农农户调研数据，侧重对征地后的农户就业分化及对其市民化能力程度之群体分化的影响效应进行实证研究。

8.1 长三角地区被征地农民就业分化状况的比较分析

我们运用前文所构筑的基于就业模式、职业层次、非农收入与养老保险等的"四位一体"被征地农民就业分化衡量指标体系，对长三角地区被征地农民就业分化总体状况进行比较分析，具体样本数据构成与统计描述见下表：

表 8 - 1　长三角被征地农民调研问卷的样本构成与分布比例

一级指标	二级指标	编码	样本量/比例(%)	备注
个体特征	年龄 　35 岁以下 　36—45 　46—55 　56 岁以上	 1 2 3 4	 176/20.5 323/37.6 316/36.8 43/5.0	
	性别 　男性 　女性	 1 2	 455/53.03 403/46.97	
	健康 　良好 　一般或较差	 1 2	 675/78.7 183/21.3	
	教育 　小学以下 　初中 　高中(专) 　大专以上	 1 2 3 4	 191/22.3 350/40.8 218/25.4 99/11.5	
	有无技能 　有 　无	 1 2	 408/47.6 450/52.4	是否接受过技能培训或掌握专门手艺?
家庭区域特征	地区类型 　一类地区 　二类地区	 1 2	 447/52.1 411/47.9	以 2011 年长三角 16 城市人均 GDP 排名确定
	家庭所在地 　近郊 　远郊	 1 2	 482/56.2 376/43.8	距离中心城镇≤15 公里为近郊,反之远郊
	社会资本 　有 　无	 1 2	 232/27.1 626/72.9	直系亲戚有无乡村(或企业)干部?
土地征用特征	征地程度 　50%以下 　51%—90% 　91%以上	 1 2 3	 170/19.8 258/30.1 430/50.1	指累计征地面积占农户家庭拥有耕地的比例

一级 指标	二级指标	编码	样本量/比例(%)	备注
土地征 用特征	征地用途 　基础设施 　经济开发区 　房地产开发 　其他	 1 2 3 4	 250/29.1 298/37.4 232/27.1 78/6.4	"其他"项包括目前尚 不明确或暂时空置
	补偿形式 　货币补偿 　社保补偿 　就业补偿 　其他	 1 2 3 4	 742/84.5 232/27.1 96/11.2 94/11.0	因存在多选,故比例 总和大于100

8.1.1　失地前后农民就业模式分化比较

首先对失地前后的农民所从事就业模式变化进行比较分析。图 8-1 显示,征地前,长三角地区农民就业模式总体呈现"农业与兼业"、"兼业与非农就业"的"旧二元分化"特征。但与征地前相比,征地后长三角地区农民就业模式发生了显著结构性变化。

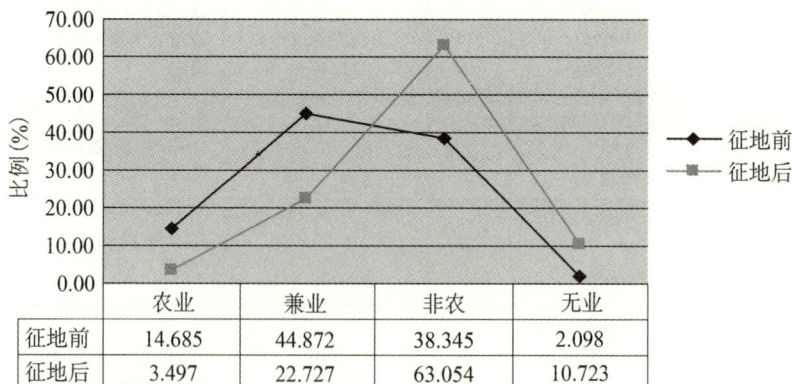

	农业	兼业	非农	无业
征地前	14.685	44.872	38.345	2.098
征地后	3.497	22.727	63.054	10.723

图 8-1　失地农民就业模式变化

　　首先，从事农业与兼业模式的农民比例随着农地征用过程而急剧下降，尤其是纯农业比例已不到4％，显示了被征地农民对土地的生计依赖度正趋于不断降低态势，而与之相对应的是，从事完全非农就业的比例大幅上升，从征地前的38.35％增至征地后的63.05％，增长了近1倍，表明土地征用一定程度构成了推动多数农民非农就业发展的重要外生因素；但值得注意的是，土地征用后，农民无业/失业的比例也从征地前的2％猛增至10％以上，究其原因，固然不排除其中有少数农民因获得较高征地补偿进而降低了劳动意愿并选择"自愿"失业，但在实际调研中，我们发现，这种情形并不普遍，更多可能是因就业能力和机会的缺失导致"被迫"失业，因此，伴随征地前后农民就业形态的变迁，使得被征地农民群体的就业模式将体现为"失业—非农就业"、"非农就业—创业"的"新二元分化"转型特征。

　　后面的对应分析模型实证研究将显示，56岁以上、小学文化以下、健康较差的被征地农民与无业和低收入存在着紧密关系，这表明，即便在经济发达的长三角地区，土地征用对农民尤其是一些低人力资本水平的农村弱势劳动群体依然会产生一定的就业冲击风险。

8.1.2　失地前后农民职业层次分化比较

　　运用前文所设计的职业层次划分方法，我们比较了征地前后农民所从事的职业层次变化（见图8-2），发现征地前长三角地区农民总体

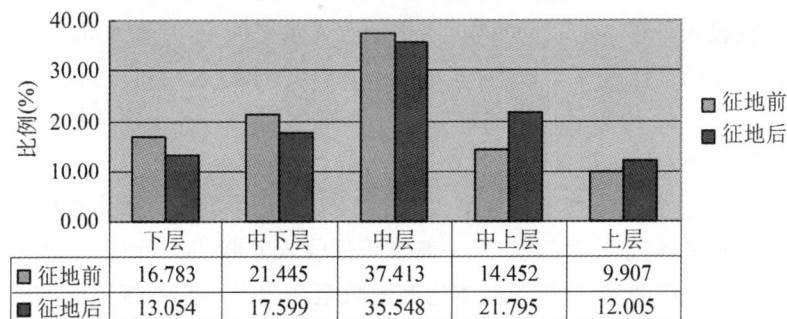

	下层	中下层	中层	中上层	上层
征地前	16.783	21.445	37.413	14.452	9.907
征地后	13.054	17.599	35.548	21.795	12.005

图8-2　失地农民职业层次变化

存在显著的职业分化特征,但土地征用进一步加剧了职业分化的深入。从相对比例看,被征地农民职业层次得到了一定的改善,与征地前相比,从事中层及以下职业层次的农民比例不同程度地有所降低,而处于中上层以及上层职业层级类型的比例则相对增加;而从变化幅度看,在所有职业类型中,被征地农民在中上层(技术人员)层级的变动幅度最大,净增长近 7%,表明一部分被征地农民择业行为中的技术倾向有所提高,这有利于增强其未来进一步提升职业层次和水平的能力。

但从绝对数看,被征地农民总体职业层次仍然偏低,图 8-2 显示,样本区从事长期雇工(中层)职业的比例高达 35.548%,成为被征地农民的最主要职业形态,征地后,农民从事短期雇工等中下层职业的比例依然有 17.6%,尤其值得注意的是,其中处于绝对最底层职业阶层的下层比例更高达 13.05%,且绝大多数以失业形态为主。这表明即便在经济发达的长三角地区,现阶段的城镇化与土地征用制度并不能帮助大多数农民尤其是那些处于中低阶层群体实现其职业层次提升和就业发展。因此,未来有必要推动城镇化与土地征用发展战略思路转型,要从单纯以追求区域 GDP 增长为导向的经济目标向促进包括被征地农民在内的区域民众就业机会创造和职业提升的民生目标倾斜,以实现区域经济与就业民生兼顾的良性互动发展。

8.1.3 失地前后农民非农收入变动状况比较

从图 8-3 失地前后的农民非农收入变化程度看,征地前,农民非农收入分布结构较为集中,以中低收入水平为主,月收入 3200 元以下比例合计占 80%以上,其中低于 800 元的低收入群体占比高达 20.51%,而 4000 元以上的高收入比例则不到 11%。土地征用对不同被征地农民人群的非农收入呈现差异性影响。

首先,征地补偿不同程度改善了 2400 元以下的中低收入群体的收入水平,特别是对纯农户、一兼农等低收入人群(800 元以下)短期内增长效应明显,使得该群体比例锐减至 9.79%,可见,规范有效的土地征用行为对农村贫困人口短期内具有显著的福利增进效应。

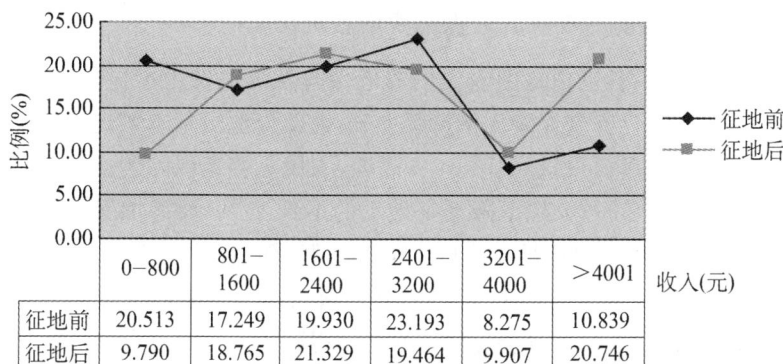

收入(元)	0-800	801-1600	1601-2400	2401-3200	3201-4000	>4001
征地前	20.513	17.249	19.930	23.193	8.275	10.839
征地后	9.790	18.765	21.329	19.464	9.907	20.746

图 8 - 3　失地农民非农收入变化

其次,征地也促进了高收入人群(4001 元以上)比例的显著增长,贫富差距趋于扩大。对其可能性解释是,一部分被征地农民将征地补偿及相关扶持政策转化为就业发展条件,积极谋求职业层次的提升,从而奠定了其自身及家庭长期非农收入增长的基础,这是因为单纯的征地补偿仅有助于增加农民短期非农收入,而要实现其长期非农收入持续增长,则从根本上依赖非农就业发展。实地调查中也发现,在征地补偿款处置上,低收入农民家庭大多以选择一般性储蓄或消费性支出为主,而相比之下,高收入家庭更趋于多元化,其中用于生产性投资倾向明显,例如:能带来更高收益的理财投资、创业投入以及技能培训等人力资本投资等,因而增强了其长期收入增长能力较强。因此,未来如何将征地补偿政策与扶持提升被征地农民非农就业能力和层次水平有机结合,构筑保障被征地农民收入持续稳定增长与缩小群体间收入差距的有效机制,值得理论界与相关部门思考。

第三,征地对中等收入人群的非农收入增长拉动效应总体不显著,甚至在 2401-3200 元区间的比例还有所降低,这进一步验证了单纯依靠征地补偿难以构筑促进多数失地农户群体非农收入持续稳定增长的长效机制。

8.1.4 失地前后农民养老保障变动状况比较

失地前后长三角地区农民的养老保险状况也发生了显著变化，一方面，政策性养老保险比例持续上升，大部分地区基本实现了被征地农民"应保尽保"目标。图8-4表明，农民无养老保险的比例由征地前高达43.59%大幅下降至征地后的不到10%，而参加基本保险的比例从征地前的不足4%上升到23.1%，而参加职工保险的被征地农民比例也从征地前的47.1%上升到62%。这表明征地后农民特别是中低层农民的社会保障水平总体得到了一定的改善。

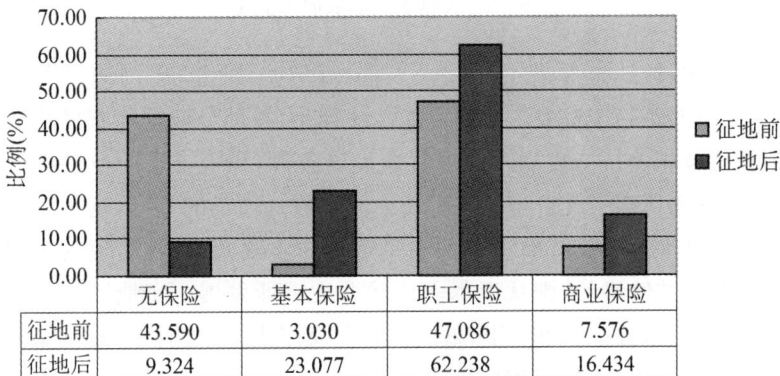

	无保险	基本保险	职工保险	商业保险
征地前	43.590	3.030	47.086	7.576
征地后	9.324	23.077	62.238	16.434

图8-4 失地农民养老保险变化

究其原因，本书认为既可能反映了近年来长三角地区农民在养老观念转型和自我权益保障意识方面的逐步增强，更得益于各级政府对农村人口尤其是被征地农民社会保障的不断重视与政策扶持。如江苏镇江市针对被征地农民安置补偿和保障政策中，不仅制定了被征地农民可选择转社保补偿政策，对特殊被征地农民人群（如年老、残疾等弱势劳动群体）征地补偿可以直接转为城镇基本养老保险，待遇上也与城镇居民一视同仁；同时严格规范各类企业用工行为，明确要求企业必须按照国家与省市有关劳动用工规定，在劳动权益上严禁歧视被征地农民工,不仅要同工同酬,且也将被征地农民工统一纳入到企业参加的职工养老、医疗、失业、工伤以及公积金等相关社会保险范围,并确保待遇均等。

另一方面,我们发现,部分经济条件较好且风险保障意识强的被征地农民自愿参加各类商业养老保险的比例也稳步上升,达到16.434%。考虑到无论是从缴费水平还是补偿程度,商业保险都要显著高于政策性保险,因此,一部分被征地农民参加商业保险比例的快速增长,也似乎昭示了未来长三角地区被征地农民群体在就业与经济福利水平的分化差距将呈现不断扩大态势。

8.2 基于 R−Q 模型的被征地农民就业分化特征研究

为了进一步揭示当前长三角地区被征地农民就业分化的基本特征,我们将运用 R−Q 模型方法进行定量研究。R−Q 模型又称多重对应分析模型,最早是由法国统计学家 Benzeci 于 1970 年提出,其突出优点是能将多维度、多层分类变量之间的内在关系通过因子旋转和降维处理方法,形象直观地纳入二维四象限对应图上,研究者可以通过以圆点为中心,通过比较不同分类变量的象限分布以及距离远近,从而揭示彼此紧密关系程度(张文彤,2009),本书在表 1 相关变量指标的基础上,其中针对调研中相关分类变量存在多选情形,我们将其设置成一系列二元哑变量输入模型,即选择该项=1,无=2,运用 SPSS20.0 工具构筑了被征地农民就业分化特征的多重对应分析图(如图 8−5)。

通过比较图 8−5 中不同分类变量的象限分布与彼此间距离,可得出如下分析结论:

(1)长三角地区被征地农民就业发展总体呈现显著分化特征。无论是就业模式、职业层次、非农收入以及社会保障等变量类别均散布于不同象限,且呈现在不同特征被征地农民群体间差异性分布。

(2)第一象限结果显示,从事个体户以及管理者等上层职业(这

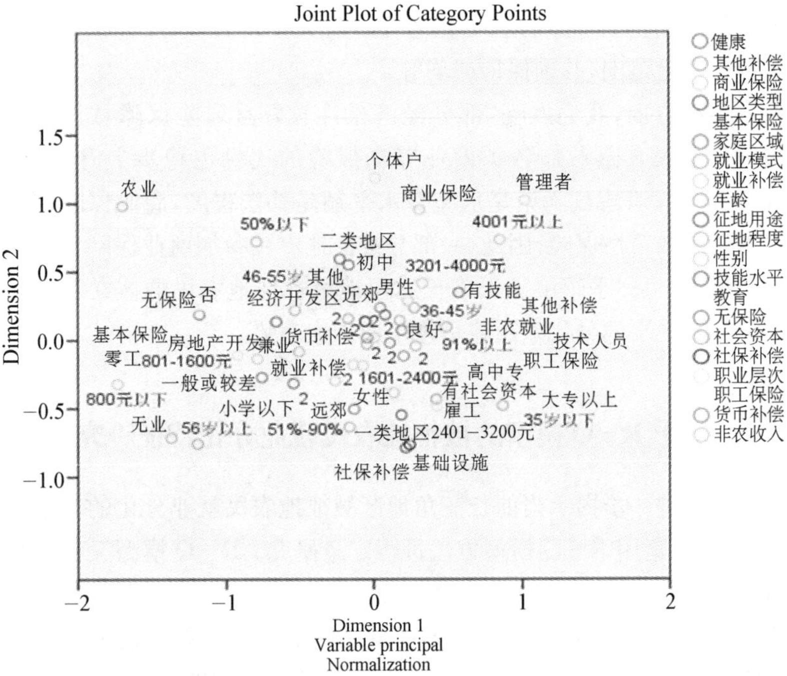

图 8‐5　被征地农民就业分化多重对应分析图

也是自主创业的主要形态)的被征地农民一般是位于近郊的 36—45 岁拥有技能的男性,其总体收入水平最高,且参加商业保险比例也较高。

（3）第二象限结果显示,在相对次发达的二类地区,当征地规模为 50% 以下且征地用途为经济开发区时,对 46—55 岁无技能的原先从事农业的农民而言,虽并不构成显著就业冲击,其将仍保持原先农业形态,以耕作剩余的农地为主要生计,且没有任何养老保障,但如果征地规模继续扩大,这部分人群因缺少非农就业技能,也无法从征地开发与征地补偿中获得非农就业支持,因而将极易陷入"三无"(无地、无业、无保障)的生计困境。

（4）第三象限结果显示,发生在远郊地区的征用规模超过 50% 以上、以房地产开发为用途的征地行为,将构成对低人力资本的农民显著就业冲击,受较差的健康和文化程度低下等人力资本因素影响,这部分被征地农民即便获得相应的货币补偿甚至部分就业补偿,都难以提升其非农就业能力,只能从事低层次低收入的零工式兼业,其中 56 岁以上的中老年被征地农民将面临失业。

(5) 第四象限结果显示,当前经济更发达的一类地区土地非农化征用程度较高,当地 35 岁以下青年被征地农民(特别是女性)普遍从事非农就业,但总体职业层次并不高,基本以雇工为主,收入处于中下等水平,考虑到这部分群体大多拥有良好的健康、教育与技能等人力资本禀赋,甚至有些还具有一定的社会资本,理论上具备追求更高职业层次(如自主创业)就业发展的能力,如何激励和引导这部分农民群体创业值得重视。从分析图上看,经过多年发展,目前发达地区通过基础设施建设和社保补偿等土地征地方式已难以适应被征地农民(特别是青年被征地农民)进一步提升就业发展的要求,因此,未来应推动土地征用发展战略思路转型,要从单纯追求区域 GDP 增长目标向促进包括被征地农民在内的区域民众就业机会创造和就业升级发展的民生目标倾斜,进而在征地模式和征地补偿方式的转型创新,以营造区域经济发展与就业民生兼顾的良性互动态势。

8.3 长三角被征地农民就业分化影响因素的实证研究

上节主要从一般数据统计分析角度对长三角地区被征地农民就业分化状况及其基本特征进行了初步探讨,揭示了城镇化背景下的农地征用作为一种外生制度变迁,对农民就业将产生一定的分化影响效应。而这种分化效应的核心表现,既可能涉及到征地前后农民在涉农与非农之间外部就业模式的演变,更将涵盖农民所从事非农职业层次的内部结构变化。

长三角地区属于我国典型的经济较发达地区,由于改革开放以来高度的农村非农化水平,农民完全非农就业比例也很高,普遍对土地的就业依赖度较低,因此,征地前,长三角地区农民职业已呈现出显著的分化特征,而土地征用进一步加剧了分化程度,突出体现为不同农民之间围绕职业层次(特别是非农职业层次)类型之间的深度分化,初步统计分析也显示,征地后,不同被征地农民之间围绕所从事职业层级类型总体呈现出显著不断分化差异特征,那么当前决定被征地农民职业层次选择的核心与关键影响因素是什么,其影响效应如何?对此,本章将从职业分化角度,进一步运用 Multinomial Logit 模型方法对长三角地区被征地农民就业分化因素进行实证研究。

8.3.1 模型设定

在社会科学领域中,存在着针对具有多类属性的事项选择而考察其决策因素问题,对此,学术界常常运用 Multinomial Logistic 回归模型方法进行实证研究。Multinomial Logit 回归模型是在 Binary logistic 回归模型基础上的扩展而来,主要适用于研究非排序性的多分类因变量与影响因素之间关系,该模型将多个分类项置于一个模型进行两两比较,在模型的参数估计中,假设存在 J 个选择类别,则可以第 J 个类别为参照项,可建立相比第 J 项,而选择其他 J−1 项发生的概率比(张文彤,2009)。

8.3.2 变量选择

我们将第 2 章所界定的土地征用后被征地农民职业分化中所从事的 5 层职业类型视为 5 种不同就业情形选择的结果,并假设对于每个农民而言,当前仅存在 1 种适选职业情形可能,且不存在严格的次序关系,据此,可采用 Multinomial Logit 模型方法,来估计影响该被征地农民可能处于某种职业层次情形的各种因素,所构建的模型基本形式为:

$$P_{ij} = prob(y_i = vocation_i) = \frac{e^{\beta X_i}}{\sum_{m=1}^{j} e^{\beta_m X_i}} \tag{1}$$

上式中,i 为第 i 个被征地农民,j 为当前被征地农民分别处于下层、中下层、中层、中上层以及上层等 5 种职业层级情形,具体划分标准见表 1。X 为系列影响因素向量,我们将表 8-1 中的各因素作为自变量进入模型方程。

为了突出被征地农民非农职业层次分化程度,本书选择以下层职业(农业或失业)作为参照组,分别对被征地农民处于其他 4 种职业层次情形进行估计。模型变量的估计系数 β 若为正,则意味着相对于参照组(下层职业)来说,该变量对于该职业层级形态有着相对概率为正的影响,即被征地农民处于此职业情形的可能性更大;相反,若 β 为负,则表明相比参照组而言,该变量对于被征地农民处于该层级职业具有负向概率影响,即处于该职业层级的可能性低。

8.3.3　计量结果分析

我们建立了被征地农民职业分化影响因素的 Multinomial Logit 模型,并运用本书调研所获得的长三角 858 份农户样本数据进行分析,具体模型结果如表 8-2。

从表 8-2 的相关检验系数看,模型整体通过了显著性检验,通过考察各模型变量的回归结果,可得出以下研究结论:

(1) 被征地农民职业分化具有明显的性别和年龄差异

相比女性而言,失地农户中的男性从事中层及以上职业层次类型的概率更大,尤其是从事技术人员与创业管理者的概率分别是女性的 2.57 和 2.64 倍,性别间的职业分化特征十分明显,这可能与中国农村家庭传统"男主外、女主内"的劳动分工有关,土地征用将使得男性因承担更多家庭生计责任而对其职业提升的要求更为迫切;而年龄变量显示,当前长三角地区 55 岁以下各劳龄阶段的被征地农民群体普遍具有较高的非农就业参与率,从概率比看,不同年龄段之间的职业分化度也较为显著,年龄越小,从事各类非农职业特别是追求较高职业层次的概率越大。

表 8-2 被征地农民职业分化 Multinomial Logit 模型结果

职业层次变量	I. 中下层 系数	EXP(B)	II. 中层 系数	EXP(B)	III. 中上层 系数	EXP(B)	IV. 上层 系数	EXP(B)
性别(女性)	0.412(0.159)	1.51	0.889**(0.002)	2.43	1.272**(0.00)	3.57	1.292**(0.00)	3.64
年龄(≥56岁)								
35岁以下	1.02**(0.004)	2.77	1.291**(0.00)	3.64	2.128**(0.00)	8.4	1.733**(0.00)	5.66
36-45岁	1.19**(0.018)	3.29	2.143**(0.00)	8.52	1.429**(0.00)	4.17	2.348**(0.00)	10.46
46-55岁	1.338**(0.04)	3.82	1.812**(0.00)	6.12	1.265**(0.00)	3.54	2.137**(0.00)	8.47
健康(一般)	0.568(0.052)	1.76	1.111**(0.00)	3.04	0.794*(0.048)	2.21	1.322**(0.00)	3.75
教育(小学以下)								
初中	0.011**(0.00)	0.97	0.625(0.055)	1.87	1.262*(0.019)	3.53	1.213**(0.01)	3.36
高中	0.248(0.598)	1.28	0.59(0.198)	1.81	1.783**(0.01)	5.95	1.286*(0.017)	3.62
大专以上	0.106(0.935)	1.11	1.091(0.336)	2.98	3.066*(0.012)	21.45	1.274(0.052)	3.58
技术水平(无)	1.047(0.109)	2.85	1.947**(0.00)	7.01	4.475**(0.00)	87.76	2.35**(0.00)	10.48
家庭区域(远郊)	0.602(0.11)	1.83	0.33(0.364)	1.39	1.323*(0.01)	3.75	1.104**(0.01)	3.02
地区类型(二类)	0.285(0.391)	1.33	0.298(0.362)	1.35	0.798(0.49)	2.22	0.418(0.256)	1.52
社会资本(无)	-0.691*(0.02)	0.51	-0.572(0.091)	0.57	0.439(0.263)	0.65	0.406*(0.027)	0.67
征地程度(≤50%)								
51%-90%	-0.305(0.475)	0.74	0.399(0.365)	1.49	0.71(0.213)	2.03	0.663(0.18)	1.94
≥91%	-0.569(0.143)	0.56	0.908*·(0.023)	2.48	0.19(0.071)	1.21	0.077*(0.036)	1.08
征地用途(其他)								
基础设施	0.127(0.768)	1.14	0.503(0.223)	1.65	0.309(0.528)	1.36	0.408(0.383)	1.51
房地产开发	-0.25(0.504)	0.78	-1.056**(0.004)	1.66	-1.24**(0.00)	1.32	-4.67(0.199)	2.25
经济开发区	0.669(0.225)	1.95	0.507(0.366)	0.38	0.275(0.697)	0.29	0.812(0.256)	0.63

续　表

变量 职业层次	I.中下层		II.中层		III.中上层		IV.上层	
	系数	EXP(B)	系数	EXP(B)	系数	EXP(B)	系数	EXP(B)
补偿形式(其他)								
货币补偿	-0.246*(0.02)	1.28	-0.761(0.082)	2.14	0.011(0.983)	0.99	0.515*(0.029)	1.67
社保补偿	0.016(0.97)	1.02	0.47(0.265)	1.59	-7.09(0.184)	0.49	-4.38(0.373)	0.65
就业补偿	1.205*(0.012)	3.34	0.523(0.317)	1.65	-0.733(0.256)	0.48	-0.43(0.435)	1.54

Chi-square=577.19
-2Loglikelihood=1827.32
Mcfadden R2=0.328

注：各变量括号内为参照组，系数()为 sig 值，*、** 分别表示通过 5%和 1%显著性检验

(2) 人力资本对被征地农民职业分化具有直接而又显著的影响

表 8-3 结果显示,总体而言,职业层次较低的短期雇工类型对人力资本要求不甚明显,但相比之下,拥有更高健康、教育和技能等人力资本水平的被征地农民从事较高职业层次的可能性加大,尤其是教育程度越高,会显著增加被征地农民从事中上层及上层职业的概率。

(3) 家庭和区域因素对被征地农民职业分化存在一定的影响

从计量结果看,地区类型变量不显著,这主要得益于近年来长三角地区统筹发展深化使得区域差距趋于缩小;而模型Ⅲ、Ⅳ中的家庭所在地变量为显著正值,表明家庭越靠近中心城镇的近郊被征地农民,越易受到城镇良好的经济与产业发展机会的辐射,因而获取与从事中上层以上非农职业的机会也越大;社会资本变量方面,模型Ⅰ、Ⅱ的回归系数为负值,其中前者为显著,而模型Ⅲ、Ⅳ的回归系数虽为正值,但却不显著,这表明,社会资本构成长三角被征地农民职业层次提升的充分而非必要条件,即农民拥有社会资本只是具备追求高端就业的第一步,其成功性可能还取决于其他条件(如人力资本等),但与之相反,缺乏社会资本,则会显著扩大其从事低层次职业(如短期雇工)的概率。

(4) 不同土地征用因素对被征地农民职业分化呈现出差异性影响特征

首先看征地程度。结果显示,征地程度的加深,将显著增加农民从事中层以上非农职业形态的可能性,这是因为当农户拥有的农地资源越减少,土地保障能力也将越弱,则越会强化农民将非农就业作为维系长期生计保障的核心手段,进而努力提升其非农职业的稳定性与层次水平。

其次看征地用途,从各模型变量系数看,总体而言,各类土地征用开发形式对周边被征地农民的非农职业发展并不构成显著的正向促进概率,相反,单纯的房地产开发反而会不同程度地损害农民非农职业发展,其中,对中层及中上层职业形态的阻滞效应尤为明显。这似乎昭示了当前长三角地区实施的城镇化征地开发战略存在某种不均衡缺陷,即过多地关注区域 GDP 增长等经济目标,而对促进包括被征地农民在内的区域民众就业机会创造和就业发展等民生目标较为欠缺。长期以往,将严重制约区域城镇化质量和可持续发展能力。

第三是征地补偿方式。结果表明,货币补偿显著降低了被征地农民从事中低层以下职业的概率,同时提升了从事高层职业的概率。笔者认为其中有两种可能:一是货币补偿增加了被征地农民短期非劳动收入,形成了某种"消费品效应",使得一部分低人力资本水平的被征地农民有可能降低劳动意愿而选择"自愿"失业(李琴、孙良媛等,2007);而另一种可能则是一些具备高人力资本禀赋的被征地农民充分利用货币补偿契机,转化为"投资品效应",进行人力资本投资与自主创业投资等,提升其非农职业层次,模型Ⅳ的回归结果进一步验证了货币补偿对一部分从事创业管理职业的被征地农民具有显著正向促进的概率。

此外,模型结果还显示,一定范围的就业补偿对那些缺乏自主求职能力的农村弱势劳动群体获得短期雇工等职业机会而从事非农就业具有一定的意义,但对其他职业形态影响不大。

而由于相比我国其他地区,当前经济发达的长三角地区政府更重视社会保障发展,对企业规范用工和劳动保障要求更为严格,因此各类企业职工社会保险参保率较高。如江苏镇江市明确规定,凡雇工 3 人以上,雇期 3 个月以上的企业必须为员工办理参保手续,并把灵活就业人员、被征地农民工等也纳入到职工社会保险范围。长三角地区普遍较高的企业职工社保参保率,使得单纯的社保补偿对被征地农民非农职业形态并不构成显著影响。

8.4 就业分化对被征地农民群体分化影响的 SEM 研究——基于征地满意度视角

在前面理论章节,我们已经探讨了被征地农民就业分化对其市

民化能力差异之群体分化形成的内在影响机制,本章将从实证角度
对长三角地区被征地农民就业分化与群体分化之间的关系效应进行
深入研究。由于被征地农民的形成是与土地征用环节密不可分的,
故无论是被征地农民就业分化还是群体分化的形成,事实上都离不
开一个重要外在环境变量,即征地变量因素,而就业分化与群体分化
本质上是受征地这一特定外因变量影响的,三者之间应存在某种紧
密关系。

而从现有研究看,较多文献都侧重从外部政策层面研究征地因
素对被征地农民就业与市民化发展的影响,而基于农民征地满意度
的内部视角研究不多,考虑到不同被征地农民对征地政策客观上存
在着差异性认知与满意水平,这使得从征地满意度角度可能更有利
于深入探究征地因素与被征地农民就业分化、市民化分化内在影响
效应与路径特征;在研究方法上,多数文献往往停留于单一指标变量
的刻画和一般回归分析,而未上升到基于多层指标的潜变量研究,导
致研究深度也有所欠缺。因此,本章力图从征地满意度视角,通过构
建征地因素与被征地农民就业分化及其市民化程度的群体分化之间
SEM 模型,进而运用长三角地区农户调研数据进行实证研究。

8.4.1 征地满意度、就业分化与被征地农民群体分化关系的构念模型

8.4.1.1 征地满意度对被征地农民市民化程度分化的影响机制

被征地农民的形成与农地征用行为紧密相关,因此理论上征地
因素构成了对被征地农民行为演变的直接而又重要影响。对此,国
内一些学者从征地规模、用途、征地安置补偿等不同层面,实证研究
了征地政策因素对被征地农民市民化发展的显著影响(郁晓辉,
2006;林乐芬,2009;等)这些成果虽很有价值,但大多将征地政策因
素视为特定外部变量,但基于满意度理论观点,个体行为既取决于特
定因素的实际水平,还受其内部心理预期与感知程度影响,从这个角
度讲,研究征地政策对被征地农民行为的影响,不仅要关注实际政策

水平,更要考虑被征地农民心理感知程度,满意度指标能够较好地将实际因素与心理因素糅合起来,运用征地满意度指标,将有利于从更深层面揭示征地因素对被征地农民市民化程度的影响效应。

总体而言,征地满意度水平反映了被征地农民对土地征用政策所带来的预期和现实的福利增进与发展能力的综合评判,既定条件下,满意度水平越高,表明征地对农民福利与发展能力的增进效应越显著,越有利于提升其进入城镇市民化的预期能力与信心程度,反之则相反,由此推论,当不同被征地农民存在征地满意度水平的差异,将导致征地后其个体及家庭福利水平与市民化能力的分化。

区别以往满意度研究仅停留于总体层面,我们将征地满意度进一步细分为征地项目、征地程序与征地补偿三个结构层面进行深度分析:

(1)项目满意度(Sati-E)。指被征地农民对所实施的征地开发项目的必要性与价值的满意度认知状况。征地项目满意度的形成,既包括到农民对征地项目是否有利于促进本地经济增长与社会发展等宏观判断,更涉及对能否增进本人及家庭的就业发展机会与收入水平等微观认知,其中后者更为关键。总体而言,征地项目满意度越高,意味着农民越能形成对征地项目的积极态度和评价,进而对征地将改善和提升其个体及家庭福利效应与市民化能力的正向预期水平越强。由此提出研究假设1:

H1:征地项目满意度对被征地农民市民化程度具有正向影响。

(2)程序满意度(Sati-P)。指被征地农民对当地所实施征地行为程序的满意度状况,针对不同征地流程环节,我们设计了"征地程序规范性"、"征地政策公开可及性"以及"征地纠纷解决方式的合理性"3个测量项目(见表8-1)。程序满意度是对征地行为过程效率和效果的综合反映。对于征地部门而言,如果农民程序满意度越高,表明所实施征地行为的规范有效性得到当地农民的认可与支持,而对于被征地农民来说,程序满意度水平也能体现其家庭在征地行为中的合理权益与意愿诉求得到尊重和满足的程度,其也构成农民对征地福利效应与市民化能力认知的重要影响方面（刘详琪，陈钊，2012）。因此提出研究假设2：

H2：征地程序满意度对被征地农民市民化程度具有正向影响。

（3）补偿满意度（Sati-R）。征地补偿既是征地政策的内容之一，同时也构成被征地农民征地满意程度的重要方面。我们设计了征地补偿方式、补偿标准与补偿支付等不同项目用以测量补偿满意度。显然，理论上补偿满意度水平越高，意味着农户所获取的补偿收益得以增加，这将短期内增强失地农户家庭的市民化经济能力，而当农户成员利用征地补偿实施人力资本投资，推动非农就业发展，将构筑农户非农收入长期增长机制，这不仅有利于农户形成长期市民化经济能力，且对提升被征地农民市民化社会能力与心理能力也具有重要意义。由此形成研究假设3：

H3：征地补偿满意度对被征地农民市民化程度具有正向影响。

8.4.1.2 非农就业分化的中介效应分析

非农就业分化在被征地农民征地满意度影响其市民化分化发展中具有某种中介影响效应：一方面，被征地农民征地满意度的提升有助于其非农就业分化发展。首先，被征地农民对征地项目满意度的评判，涉及征地项目能否为其家庭创造出良好的非农就业机会；其次，征地程序与征地补偿满意度水平的提高，也有利于增强失地农户家庭的物力资本、社会资本与人力资本等非农就业要素的投资积累能力，为谋求更高的非农就业发展创造良好条件，从而促进了被征地农民就业分化格局的形成。

另一方面，被征地农民非农就业分化发展也对其市民化程度分化具有正向影响。被征地农民非农就业水平越高，获取较高非农收入能力愈强，将有利于形成长期"收入效应"，进而对提升农户家庭长期市民化经济能力具有重要意义；而非农职业层次的提升也将有助于形成某种"替代效应"，即促进失地农户从农民向非农的角色转型，形成更高的社会阶层归属与心理认知，进而为积累城镇市民化社会能力与心理能力发挥积极作用。由此形成研究假说4：

H4：非农就业分化因素在征地满意度影响被征地农民市民化中
具有正向中介效应。

我们将上述分析假设整理成图 8-6 的研究构念模型，以下将通
过构筑 SEM 模型，运用长三角 858 户农户数据进行实证研究。

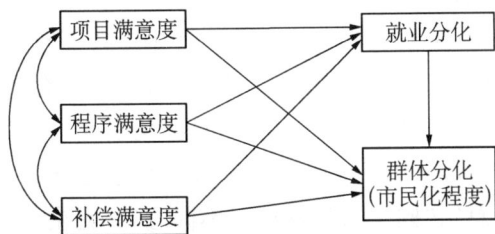

图 8-6 研究构念模型

8.4.2 实证研究设计

8.4.2.1 研究工具

本章的实证研究工具仍将运用结构方程模型（structural equation
model，SEM）进行研究，SEM 模型通过构建测量模型和潜在结构模
型，能够很好地揭示测量变量与潜在变量以及各潜在变量之间的内
在关系与影响路径。

根据上面的理论分析与研究假设，我们构建以征地满意度因素
为外生潜变量，以就业分化与被征地农民群体分化为内生潜变量，其
中就业分化为中介变量的结构关系模型，由于征地满意度涉及到一
系列相关心理态度，所以我们将上述变量设计为一系列相关潜变量。

8.4.2.2 量表开发

在相关量表开发上，由于没有现成较成熟的量表可供借鉴，我们
初步开发出如表 8-3 的测量量表项目。所有量表采用李克特
（likert）5 级判断倾向调查，因为该填答方式的内部一致性程度相对
较高，既满足了对主观性判断问题的测定，又能使测定的结果能够运
用于定量研究，因此在心理学与管理学调查中得到了广泛应用。模

型所涉及的各相关潜变量测量量表开发思路如下：

（1）征地满意度。基于本章研究框架的基础上，我们将征地满意度分为 3 个维度外生潜变量，即征地项目满意度（A1）、征地程序满意度（A2）与征地补偿满意度（A3），而满意度变量的测量量表项目的确定上，征地项目满意度与征地程序满意度量表设计主要借鉴了钟水映（2008）的研究思路，而征地补偿满意度的量表设计则参考了谭术魁（2012）的研究成果，在此基础上，结合咨询相关专家意见与可操作性原则综合筛选而成，具体见表 8-3，赋值方式采取以 5，4，3，2，1，分别反映受调查者对各满意度变量的相应测量项目持"完全同意"、"同意"、"一般"、"不同意"、"完全不同意"等不同态度认知倾向。

（2）就业分化。在之前分析的基础上，不考虑就业模式，侧重考察长三角地区被征地农民征地前后围绕职业层次、非农收入以及养老保险变动程度，并设计相应测定量表衡量。具体思路为：

首先，对就业分化的不同衡量层面指标进行初始赋值，以反映其实际水平。例如，对职业层次按照从"下层职业"~"上层职业"五级类型依次初始赋值为"1~5"；非农收入则按照从"800 及以下"~"4000 以上"六级依次初始赋值为"1~6"，而养老保险则按照"无保险"~"商业保险"四级依次初始赋值为"1~4"。

其次，假设征地前农民的实际就业水平为 $Y_{i,a}$，则 $i=1，2，3$ 分别表示职业层次、收入水平与养老保险，其取值范围分别为 $1~5$、$1~6$ 和 $1~4$，绝对数值越大，总体反映就业水平越高。设征地后的该农民实际就业水平为 $Y_{i,b}$，则农民就业分化程度 D 的核算公式为：

$$D_i = Y_{i,b} - Y_{i,a}$$

可知 D_1、D_2、D_3 的实际绝对值可能取值范围分别为 $[-4,4]$、$[-5,5]$ 和 $[-3,3]$，当 D 为正值时，表明征地后被征地农民就业水平呈正向提升，而负值则表示降低，且绝对数值越大，反映分化变动程度越深。为了能形成可供分析的无纲化量表,我们进一步按照不同程度进行李克特式五级相对区间赋值。

其中,职业层次变化度(D_1)的相对赋值方式为:"高度降低"(实际值区间为[-3,-4])为 1,"轻度降低"(实际值区间为[-2,-1])为 2,"不变或差不多的"(实际值为 0)的为 3,"轻度提高"(实际值区间为[1,2])为 4,"高度提高"(实际值区间为[3,4])为 5。

同理,根据公式(2)可知,非农收入变化度(D_2)的绝对取值区间为[-5,5],则可按照五级程度差异进行以下相对区间赋值为:"高度降低"(实际值区间为[-5,-3])为 1,"轻度降低"(实际值区间为[-2,-1])为 2,"不变或差不多的"(实际值为 0)的为 3,"轻度提高"(实际值区间为[1,2])为 4,"高度提高"(实际值区间为[3,5])为 5。

针对养老保险(D_3)实际绝对取值区间为[-3,3],其相对区间可赋值为:"高度降低"(实际值区间为-3)为 1,"轻度降低"(实际值区间为[-2,-1])为 2,"不变或差不多的"(实际值为 0)为 3,"轻度提高"(实际值区间为[1,2])为 4,"高度提高"(实际值区间为 3)为 5。

(3)群体分化。以市民化能力差异作为衡量被征地农民群体分化的核心指标,涉及经济能力、社会能力与经济能力等三个维度的具体测量项目问题,以 5,4,3,2,1,分别反映受调查者对各满意度变量的相应测量项目持"完全同意"、"同意"、"一般"、"不同意"、"完全不同意"等不同判断倾向。

所有各变量测量项目与描述统计结果见表 8-3:

表 8-3　变量描述

变量	测量指标	均值	标准差
项目满意度 (Sati-R)	A1 征地目标有利于促进本地乡村经济发展 A2 该征地项目能增加本地农民收入水平 A3 该征地项目能够增加本地农民就业机会	3.942 3.759 3.128	0.934 0.838 0.827

续　表

变量	测量指标	均值	标准差
程序满意度 （Sati-R）	B1 当地征地的实施流程是规范合理的 B2 当地相关征地政策是公开透明的 B3 当地部门解决与农民征地纠纷的方式是合情合法的	3.454 3.325 3.316	0.792 0.824 0.852
补偿满意度 （Sati-R）	C1 当地征地补偿安置方式是合理的 C2 当地征地补偿安置标准是公平合理的 C3 当地征地补偿安置款能及时足额发放	3.849 3.652 3.561	0.956 0.843 0.867
就业分化	D1 与征前相比，征后的职业层次变化度 D2 与征前相比，征后的非农收入变化度 D3 与征前相比，征后的养老保障变化度	3.046 3.729 3.526	1.042 0.827 0.964
群体分化 （市民化 程度）	E1 目前我的家庭经济条件能够适应城镇生活（经济能力） E2 我现在经常参加小区公共健身或娱乐活动（社会能力） E3 我认为我及我的家庭已经不是农民了（心理能力）	3.428 3.135 3.527	0.983 1.025 0.928

8.4.2.3　信度效度检验

1. 信度检验。采用 Cronbach's α 系数来测度模型测量变量量表的内部一致性。一般而言，当 Cronbach's α 系数＞0.7 时，表明该量表可信度较高。本书使用 SPSS20.0 软件对各变量进行信度检验，结果见表8-4，从总体看，所有变量测量量表各项目的因素负荷量值均为0.7以上，组合信度大于0.75，Cronbach's α 值也均＞0.7，均表明测量模型的整体内在质量佳，可信度较高。

表8-4　信度与效度检验结果

变量	测量指标	KMO	Bartlett 检验	因子载荷	组合信度	Cronbach's α
项目满意度	A1 A2 A3	0.847	1233.285 （0.000）	0.875 0.843 0.852	0.892	0.845
程序满意度	B1 B2 B3	0.823	1187.364 （0.000）	0.816 0.764 0.866	0.859	0.812

变量	测量指标	KMO	Bartlett 检验	因子载荷	组合信度	Cronbach's α
补偿满意度	C1 C2 C3	0.783	963.275 (0.000)	0.735 0.794 0.725	0.796	0.784
就业分化	D1 D2 D3	0.724	912.095 (0.003)	0.745 0.803 0.716	0.799	0.726
群体分化 （市民化程度）	E1 E2 E3	0.745	945.872 (0.000)	0.787 0.736 0.762	0.806	0.718

2. 效度检验。运用 KMO 与 Bartlett 球形检验法对问卷变量测量项目进行效度检验。经计算发现，征地满意度、市民化程度各个变量的 KMO 值均大于 0.7，样本分布的球形 Bartlett 检验值均达到显著性效果，表 8-4 结果显示，征地满意度、就业分化与群体分化变量项目均具有较高的解释力，表明变量项目数据可以用于实证研究。

8.4.3 模型结果与讨论

8.4.3.1 适配检验与模型修正

基于图 8-6 的分析框架，建立初始模型，并运用极大似然法（ML）对模型参数进行估计，结果见表 8-5。

表 8-5 模型的估计系数

	非标准化系数	标准化系数	S. E.	C. R.	P 值
就业分化←项目满意度	0.235	0.316	0.032	2.152	0.021
就业分化←程序满意度	0.118	0.203	0.024	4.673	***
就业分化←补偿满意度	0.016	0.026	0.027	0.861	0.546
群体分化←项目满意度	0.468	0.382	0.045	8.157	***
群体分化←程序满意度	0.426	0.325	0.040	12.48	***

	非标准化系数	标准化系数	S. E.	C. R.	P值
群体分化←补偿满意度	0.342	0.283	0.026	6.452	***
群体分化←就业分化	0.635	0.452	0.068	15.26	***
项目满意度↔程序满意度	47.863♯	0.302△	8.229	8.219	***
项目满意度↔补偿满意度	56.326♯	0.294△	7.853	9.845	***
程序满意度↔补偿满意度	102.76♯	0.487△	10.342	10.324	***

注:①非标准估计系数表示自变量改变一个单位,因变量或中间变量的改变量;标准化估计系数则表示自变量改变一个标准差时,因变量或中间变量的改变量。一般而言,当输入数据主要来源于调查测量,且度量方式相同时,两者差别不大,而当度量方式不同时,两者差别则较为明显。②"♯"、"△"系三个外因变量间的协方差与相关系数。

由表8-5中的变量路径系数符号可知,所有因果路径系数的β值均为正数,表示其影响效应为正向,符合原先理论建构的模型假设。

而从显著性水平看,其中,"补偿满意度"→"非农就业"影响的路径系数未达显著性水平,其标准化回归系数值$\beta=0.016$,C. R. 值=0.86<1.96,P值=0.54>0.05,没有通过检验;但其余六条路径系数β均通过了5%的显著性水平,表明这六个路径系数在总体上显著不等于0。

从外因变量间的相关分析结果显示,"项目满意度"、"程序满意度"、"补偿满意度"之间的协方差分别为47.863,56.326,102.76,估计标准误差分别8.229,7.853,10.342,临界比值C. R. 均大于1.96,达到5%以上显著水平,表明三个外因变量彼此间呈现显著共变相关关系,其相关系数分别为0.302、0.294、0.487。从回归模型总体相关系数也表明,"就业分化"内因变量被"项目满意度"、"程序满意度"、"补偿满意度"三个外因变量解释的变异量为42.8%($R^2=0.428$);"项目满意度"、"程序满意度"、"补偿满意度"三个外因变量与"就业分化"中介变量可以共同解释被征地农民基于市民化程度的"群体分化"变量73.6%的变异量($R^2=0.736$)。

由于模型存在路径系数值不显著的路径,因此需要通过删除不显著路径对模型进行修正,从而形成了基于递归模型的因果路径模型,最终分析结果如图 8-7。修正模型的基本适配性检验结果为:$\chi^2/df = 1.823 < 2$,RMSEA $= 0.052 < 0.08$,AGFI $= 0.923 > 0.9$,GFI $= 0.925 > 0.9$,NFI $= 0.934 > 0.9$,IFI $= 0.915 > 0.9$,均达到较好的适配标准,表明修正模型总体能够拟合样本数据情况。

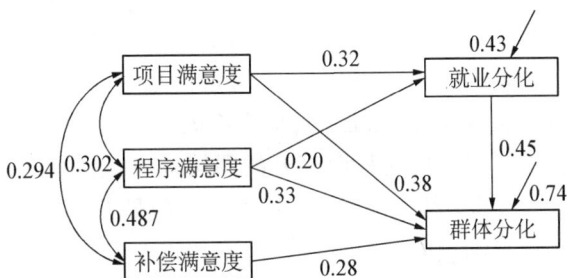

图 8-7 最终修正模型变量的路径分析结果

8.4.3.2 模型结果讨论

通过考察最终修正模型结果的相关变量系数,得出以下研究结果:

(1)被征地农民征地满意度的形成具有多层次因素共变特征,其中征地程序因素具有基础性作用。图 8-7 显示,三个外生满意度变量征地项目、征地程序、征地补偿之间均存在显著的两两正向相关关系。从相关系数看,征地程序的关联效应最强,其对征地项目与征地补偿的相关系数分别达 0.302 与 0.487,这表明样本地区被征地农民对征地满意度认知存在显著的"不患贫而患不均"心理,即首先关注当地征地政策制定与执行程序是否做到公平、公正和公开,成为衡量征地满意程度的首要尺度,并显著影响到其他征地环节满意度的形成,这也验证了刘详琪(2012)等学者的研究结论。

(2)非农就业分化构成了影响被征地农民市民化程度差异群体分化的直接而又显著因素。模型中,就业分化对群体分化变量影响的直接路径系数值为 0.452,在所有变量直接影响中最大,这充分验证了非农就业发展对被征地农民市民化转型具有显著的"长期收入效应"与"替代效应",因而构成了推动被征地农民市民化长效化发展的根本路径。调研中也发现,越是那些家庭成员从事非农就业层次水平越高的受访失地农户,对目前家庭生活方式和水平的城镇化认知程度也越高,对融入新居住地环境与社会的自信力也越强。

(3)征地满意度对被征地农民市民化群体分化的总影响效应中,征地项目因素最大,而征地程序次之。路径系数显示,无论是征地项目还是征地程序,其满意度增加对被征地农民市民化程度具有较为显著的直接效应,同时也通过促进农民非农就业发展的正向"中介效应",构成了对市民化程度提升的间接效应,这验证了本书的假说 1 与假说 2。其中征地项目满意度的总效应最大,这是因为被征地农民对征地项目满意度存在着就业因素的重要考量,被征地农民除了关注征地能够带来其短期收益补偿之外,更看重和期待的是土地征用开发项目能否通过规范的执行程序,从而为其个人及家庭成员直接或间接创造非农就业机会和促进就业发展,因为后者对被征地农户家庭形成长期市民化能力具有深层次影响。

(4)现阶段征地补偿对被征地农民市民化的促进作用主要体现为"短期收入效应"。模型结果显示,征地补偿满意度虽然对被征地农民市民化潜变量具有直接正向影响,被征地农民因获得了相应征地利益补偿,短期内改善了市民化经济条件,从而提升了即期市民化认知,上述研究假说 3 得到了部分验证。

但值得注意的是,征地补偿对就业分化变量的影响却并不显著,也就是说,征地补偿并未转化为被征地农民非农就业有效就业增长,非农就业中介效应不成立,考虑到非农就业才是维系被征地农民长期市民化发展的根本保证,因此,现阶段征地补偿对被征地农民市民化的促进效应仅是短期收入增长所致,在缺乏有效非农就业保障下,这种市民化模式的长期效果值得怀疑,这也暴露出当前长三角地区城镇化征地开发政策的战略目标可能存在某种不均衡缺陷,突出表现为,过度重视 GDP 经济增长目标,而对区域就业发展民生目标有所欠缺。表现为:在开发项目遴选上,倾向于引进 GDP 拉动效应强的资本、技术密集型产业与大企业,而对区域就业带动明显的新型劳动密集型产业与中小企业则缺乏兴趣;在征地补偿上,也偏重于采用一次性货币补偿等方式,而对促进被征地农民人力资本投资与扶持就业创业等"能力补偿"方面重视不够。

课题组在针对长三角地区的实地调研中也发现,一些家庭成员总体非农就业水平偏低的受访失地农户对征地后的未来生计保障疑虑依然很大,他们反映,即便现在获得了相应的经济补偿,现阶段生活水平也有所改善,但由于缺乏非农就业(如自主创业)能力,补偿款大多只能用于消费支出,而目前城镇生活花销偏大,因此总担心"今后钱花完了怎么办",自感"压力很大","难以成为真正的城市人"的比例较高。

表 8-6　征地满意度因素、就业分化与群体分化的影响效应系数

影响路径	直接效应	间接效应	总效应
项目满意度→群体分化	0.382	0.143	0.525
程序满意度→群体分化	0.325	0.092	0.417
补偿满意度→群体分化	0.283	—	0.283
就业分化→群体分化	0.452	—	0.452

8.5　本章小结

本章主要围绕长三角地区被征地兼农的分化行为进行了实证分析。具体包括三层次的模型研究:

——从就业模式、非农职业层次、非农收入水平以及养老保障状况等多维度,运用长三角地区 858 个实地调研数据对被征地农民就业分化现状与特征进行了统计分析。结果表明:(1)征地前后,农民

就业状况发生了显著变化,总体而言,征地后,被征地农民尤其是处于中低阶层农民的短期非农收入和养老保障水平得到了不同程度的改善;(2)被征地农民群体在就业模式和职业层次呈现出显著分化态势,久之将可能拉大农民间长期收入及保障水平的差距,进而增加未来被征地农民群体分化的风险;(3)进一步运用多重对应分析(R-Q)模型显示,人力资本是造成被征地农民群体就业分化的核心因素,相比而言,低人力资本水平的农民更易遭受就业冲击;(4)征地用途、征地补偿方式等征地制度因素对被征地农民就业行为演化也构成一定的影响。

——以职业层次为例,进一步运用多元 Logit 模型对长三角地区被征地农民就业分化的形成因素进行了实证研究。研究结论为:(1)征地前,长三角地区农民职业已呈现出显著的分化特征,而征地后农民职业分化程度进一步加剧。(2)导致被征地农民职业层次分化的因素具有多重差异性影响特征,不同性别、年龄被征地农民间的职业分化差距拉大,中青年男性农民选择从事更高职业层次就业的概率加大;(3)人力资本构成了影响被征地农民职业分化的最直接显著因素,拥有更高健康、教育和技能等人力资本水平的被征地农民更倾向于从事较高职业层次;越靠近中心城镇且具备某种社会资本的近郊农户,其获得更高层职业的机会越大;(4)不同征地因素对被征地农民职业分化具有差异性影响。征地程度的加深,将构成农民努力追求中层以上非农职业的外部推力,而基于现阶段 GDP 偏向型的城镇化战略导致征地用途对周边农民的直接"就业贡献度"不高,因此对被征地农民职业提升并不构成积极影响,征地货币补偿对被征地农民职业层次影响存在某种"极化效应",既可能源于"投资品效应",构成一部分农民追求自主创业等高端职业形态的有利条件,同时也可能源于"消费品效应",导致另一部分农民降低职业层次甚至选择自愿失业等重要诱因,而其他补偿方式的职业影响效应并不显著。因此,如何在进一步强化征地补偿的"投资品效应",弱化"消费品效应",进而促进被征地农民职业水平提升,是今后改革与完善征地及补偿政策的重要目标之一。

　　——进一步围绕就业分化对被征地农民群体分化问题进行了实证研究。通过引入征地满意度这一独特视角,构筑了基于不同层面征地满意度因素、被征地农民就业分化与群体分化之间影响关系的理论构念模型,进而通过开发相应潜变量及其测量体系,运用 SEM 模型进行了实证研究。主要研究结论为:(1)被征地农民征地满意度的形成具有系统性多层次特征,其中征地程序构成了满意度形成的前提与必要基础,而征地项目对当地农户就业与长期收入增长的贡献度是农民征地满意度形成的最终因素,征地补偿构成了影响短期内征地满意度的重要因素;(2)征地满意度因素对被征地农民的福利水平与转型发展能力具有直接而又重要的影响,提升被征地农民征地满意度,有利于更好地保障被征地农民合法权益不受损害,进而促进其平稳有效转型,因此,要把征地满意度因素纳入城镇化发展政策及其绩效考核体系的重要环节;(3)就业分化是推动被征地农民群体分化形成的最终关键因素,被征地农民市民化转型需要从经济、社会到心理等多方面能力培育,而非农就业发展构成了支撑被征地农民形成长期可持续市民化能力的重要保障,因此在征地安置政策中,要将保障被征地农民短期经济权益与长期就业发展有效结合,以构筑被征地农民长效化市民化发展能力;(4)现阶段,受单纯 GDP 偏向型城镇化发展战略缺陷的影响,被征地农民征地补偿政策总体对非农就业的促进效应不强,导致所形成的市民化效应具有某种"短期收入效应",其促进被征地农民形成可持续市民化能力的"长期替代效应"并不显著,未来可能对城镇化发展质量与被征地农民的深度转型发展构成某种深层次威胁与不确定风险。

第9章
促进兼业农户转型发展的对策研究

　　包括本书在内的大量相关研究都表明,当前我国无论是中西部欠发达地区还是东部经济发达的长三角地区农村都普遍存在着不同程度的农户兼业行为。农户兼业行为的产生和演变,宏观层面上反映了我国改革开放30多年来以农村非农化发展为核心的城乡经济社会结构转型过程的非充分性与农民非农就业发展的低度性特征,从而导致农户整体非农化转型发展的不完全性;但微观层面上则是不同农户家庭基于特定外部环境变迁与内部禀赋条件共同约束下的围绕家庭成员劳动分工与供给决策行为的体现。因此,某种意义上讲,农户兼业行为变迁既体现一定的理论必然性与合理性,同时也构成了观察中国农村经济改革发展与结构变迁的现实视角,具有重要的研究价值。

　　当前,我国迈入了新一轮深化改革与加快发展阶段,伴随着中央实施新型城镇化、农村"四化"协调以及区域城乡现代化等一系列三农领域重要改革发展战略,这无疑将彻底颠覆现有的三农发展模式与发展结构,核心内涵之一是要通过彻底改造传统农业、农村与农户经济,以推动城乡经济与社会结构的根本性变迁与现代化转型,实现城乡间劳动及其他经济要素结构的优化配置,从而构筑新型城乡关系与城乡协调发展,其中的重要一环是,要通过实施多层次公共政策体系,扶持和实现兼业农户的从就业到发展模式的现代化转型,逐步减少兼业程度,促进一部分非农化程度较高的兼业农户主动离农化就业发展,以深化不同农户、农村劳动者在农业与非农领域的专业化分工,以同时适应打造符合现代农业经营与城镇非农产业发展要求的专业化组织、经营主体与高素质劳动者需求,并最终推动离农农民成功融入城镇化和市民化转型发展,以适应城乡一体化和现代化发展的目标要求。

然而,值得注意的是,当前包括长三角地区在内的我国一些地区在城镇化背景下推进兼业农民离农化进程中,暴露出单纯依靠农地征用政策等外部推动力,形成了所谓"农民被动离农化"模式,这与基于农民自我人力资本和非农化决策推动下的主动离农化模式存在本质差别。而在缺乏必要的后续保障下,被动离农化模式往往与农民真实意愿和发展能力存在某种背离,极易损害被征地农民的合法权益,导致农民对城镇化征地满意度下降,进一步催生农民群体在征地之后面临就业等发展能力分化,进而构成对其后续市民化转型能力与水平分化的深度影响。因此,总体而言,要坚持以农民为本,立足从激发、增强兼业农民的主动转型意愿和行为能力入手,基于分化视角,通过多层面路径设计,探索城镇化背景下促进不同兼业农民群体转型发展的对策思路。

9.1 基于分化思路,确立不同兼业农户转型发展的战略定位

兼业农户的形成是与农户成员非农就业行为分不开的,而根据不同农户成员的非农就业层次和水平,也构成了农户差异性兼业程度与类型的核心划分。从本书的研究也表明,长三角地区存在着多种类型兼业农户划分,总体可基于不同非农就业程度与非农收入水平等指标,将兼业农户分为低度非农化的农业兼业户、中度非农化的非农兼业户以及高度非农化程度的非农户等不同形态。显然不同兼业农户其家庭经济禀赋、发展模式与需求意愿也存在着显著差异。因此,在当前面对新型城镇化与城乡现代化发展战略要求下,应根据

不同兼业类型农户非农化程度与就业能力,以分化思路,实施差异化扶持其转型发展的战略定位。

9.1.1 低度非农化的农业型兼业农户转型发展定位

农业型兼业农户是指农户家庭在涉及农业与非农领域中,农业比例占据了主导地位,家庭收入比例中以农业收入为主,而非农收入占比往往在50％以下,其家庭拥有较多的农地资源,就业结构也以农业为主,一些从事非农就业的家庭成员往往在非农职业层次与收入水平上也普遍较低,对于长期从事农业型兼业农户而言,其家庭将逐步积累形成更适应于农业发展的专业化人力资本以及其他资源禀赋等条件,且自身主动离农意愿也不强。因此,按照路径依赖理论,农业型兼业农户转型发展定位思路应是,依据比较优势原则,尽可能地发挥其在农业生产领域中的相对优势,立足基于农业产业内部实施对其现代化改造发展,而非简单推动其整体向非农化转型。

当前要结合新型城镇化背景下城乡一体化与农村"四化"发展的要求,探索构筑农业现代化发展的经营模式与经营主体,其中促进一些具备发展意愿与条件的传统农业型兼业农户向现代农业经营转型成为重要内容。重点要通过改革农业生产制度,实施农地流转,鼓励传统兼业农户积极参与家庭农场、农业企业、农业合作社与农业产业化组织等新型现代农业经营组织建设,同时注重对农户成员开展现代农业生产、经营相关技能培训,使其成为能够从事现代农业产业经营的职业化农民与专业农业经营者,以适应现代农业发展对高素质农业劳动者的需求。

9.1.2 中度非农化的非农兼业户转型发展定位

非农兼业户家庭中,虽然农户依然拥有一些农地资源并从事一定的农业生产,但非农经营的比例已大幅上升,家庭成员所从事非农就业的层次水平显著提高,家庭收入结构中的非农收入比重已超过农业成为主体,农户对农地生计依赖度大幅降低,理论上,这些兼业农户具备了流转农地意愿,只要相关环境条件具备,其倾向于完全从农业退出,转而从事完全非农就业行为。因此,对于非农型兼业农户的转型发展定位思路应是,立足进一步促进其家庭成员非农就业发展,不断提升农户家庭非农收入比重,持续降低对农地经营的生计依赖;通过实施有效的流转土地政策,最终实现从农业领域的就业撤出。

当前,要着力促进那些符合彻底非农转移条件的非农兼农通过主动流转土地方式,实现彻底离开农业发展。瞄准培育具有较强人力资本的非农产业劳动者目标,持续提升兼业农户成员的非农就业发展与竞争能力,构筑其主动放弃农业经营的直接拉力;同时注重实施积极稳妥的征地与农地流转政策,切实保障被征地农民的合法权益,以激励和引导农户深度参与农地流转与农业经营制度变革。

9.1.3 高度非农化的非农农户转型发展定位

由于非农农户具备高度的非农化发展特征,不仅农户已不从事实际农业生产,家庭成员大多从事着稳定较高收入的非农职业,对农地的生计依赖度已近乎为零,并且一部分农户已成功实现了在城镇长期居住。因此,这部分农户不仅现实中具备较强的流转农地与从农业领域彻底退出的意愿,同时理论上也具有某种流转宅基地,实现从农村退出而转型为城镇市民的意愿与能力。因此,对于非农农户的转型发展定位思路应立足于:一方面,充分保障其在城镇以及非农产业的就业与发展权益,夯实其实现城镇市民化转型的内在基础;另一方面,重视实施有效的从农地到宅基地等相关土地流转征用政策以及适应城镇新市民转型的相关配套公共政策改革,以构筑促进这些兼业农户最终离开农村迁徙城镇并最终转型为现代市民的制度保障。

9.2　强化人力资本积累,构筑促进农户转型发展的内在驱动力

人力资本是个体自身素质与就业能力的核心体现,本书研究也表明,人力资本因素是导致兼业农户分化与离农决策的重要内在因素,人力资本禀赋水平较高的兼业农户,其家庭成员从事非农职业层次与非农收入水平也相对较高,因而农户主动离农意愿与能力也相对要强,而相比之下,人力资本禀赋较低的农民,其不仅难以获得充分的非农就业机会,且所从事的农业就业也仅停留在传统农业生产阶段,因而加大了转型发展的难度。扶持和强化兼业农户系统性人力资本投资与发展,将有助于提升家庭人员内在综合素质水平,掌握复杂职业技能,形成内生型就业能力成长与发展机制,从而构成了促进不同兼业农户现代化转型发展的内在驱动力。因此,要基于人力资本不同能力维度,分别构筑健康、教育与技能培训等多层面农户人力资本投资积累体系。

9.2.1　促进农户健康人力资本积累

健康既是个体生存之本,同时也是重要而又基础的人力资本形态,而医疗卫生领域是健康人力资本积累的重要途径,当前促进农户健康人力资本发展的关键环节在于完善农村医疗卫生供给制度。

首先,要建立完善的农村公共卫生服务体系。坚持政府是公共卫生发展的承担主体,明确政府的公共责任,要结合农村农民就业与人口流动特点,通过增加公共卫生投入,构筑和完善农村不同功能区与农户聚集区的相关公共卫生服务体系和医疗机构分布结构,努力实现医疗卫生服务体系全覆盖目标;进一步统筹规划城乡医疗资源布局,健全卫生保障机构,确保包括各类农村民众能平等享有的公共卫生服务权益。

其次,加大农民医疗保障制度建设,要根据不同地区医保制度与

不同类型农户群体特点,分门别类地构建相应的医疗保障体系。对于那些居住城镇且拥有稳定非农职业的农户,应将其纳入城镇职工医疗保障体系范畴,用人单位必须承担参保责任;对于那些居住城镇但就业稳定性不高的农户,可考虑将其纳入城镇居民基本医疗保险体系,实行缴费与补偿标准与城镇居民一视同仁;而对于依然居住在农村或城郊安置点的农户,当地政府尚未实现城乡基本社保制度对接的情形下,可继续实施新农合保障,逐步推动一定区域范围内的新农合转接与续保服务,以适应兼业农户不同转型发展变迁的要求;最后,针对一些有意愿且有承担能力的较富裕农户,可积极考虑引入商业医疗保险,以满足其追求更高层次健康保障需求。

第三,注重对离农转型农户的健康管理机制。使其形成良好的健康意识和科学的生活方式,增强疾病自我预防能力。一些实现离农化的农户家庭伴随着土地流转、征地拆迁与迁居城镇,其生活、生产环境都面临了巨大变迁,尤其是从原先熟悉的传统乡村环境进入了现代城镇化生活,因而可能面临一系列基于环境适应性的健康风险。例如,体力劳动的减少,加之生活水平的改善与营养过度摄入,都会诱发诸如"三高"(高血压、高血糖、高血脂)等现代富贵病的几率增加,而身处新城镇小区,原有社会人际网络被颠覆,新的社会交往体系的缺失,也会诱发被征地农民的焦虑感、孤独感与被排斥感等社会与心理问题,久之,也会影响其精神健康问题。因此,当前对离农的农户家庭开展健康卫生知识与新生活方式的普及宣传和辅导工作是极其重要的。医疗卫生部门要定期举办面向失地离农农民的基本卫生知识和保健常识宣传,提高他们的自我预防能力;交通、通讯、文化、体育等公共部门要完善失地离农农民居住区的交通、通讯信息、体育健身、文化娱乐等社会公共服务设施建设,满足被征地农民追求现代生活方式的硬件需求,鼓励其积极参与有益健康的文体娱乐活动;而基层乡镇、社区、社会志愿组织也要注重对离农农民的社会交往平台与体系建设,倡导普及健康的生活理念与积极向上的生活方式;坚持定期深入群众,通过广泛沟通谈心,努力化解被征地农民的各类社会适应性与心理健康问题。

9.2.2 提升农户教育人力资本水平

教育人力资本能够改善人的知识结构与能力素质,是个体获得长期较高就业能力的根本保障。本书的相关调查显示,现阶段长三角地区兼业农民总体受教育文化水平平均为初中,且群体内分布差距较大,这与兼业农户的就业分化呈现高度相关,导致一些农户总体非农就业层次和能力不强,制约了其主动离农决策的倾向。

应看到的是,当前兼业农户的教育人力资本水平不高总体是与农村教育体制存在的种种问题分不开的,对此,已有大量学者进行了研究。因此本质上应将加快农村教育体制改革与发展作为农村农民教育人力资本积累的重要环节。一是注重农村发展模式与城市教育应有所区别。无论是农村基础教育还是职业教育,在发展定位上,要立足于农村,紧扣农村实际,农村义务教育要屏弃以单纯追求升学率为主要目标,从应试教育转变为素质教育,重视对学生知识、技能和综合素质的培育。二是农村职业教育要强调以培养适应农村社会经济发展所需的各类应用人才作为核心发展目标,坚持贴近实际、贴近市场需求办学;要在保障九年制义务教育发展的基础上,积极发展农村中专技校、职业高中、分流教育等各类教育形式,完善农村教育结构;注重农村基础教育与技能教育的有效对接,对农村初高中毕业生,要纳入有效的职业继续教育体系中,在其所掌握的理论知识的基础上,进一步加强应用技能培训,提高其综合能力。三是在教育内容安排上,各类农村教育都要在注重基本理论知识灌输的同时,紧扣农村实际需要,适度增加一些应用型知识和实际技能的传授,提高学生的实践和应用能力。四是改善农村教育的办学条件,提高农村教师社会地位和待遇水平,制定优惠政策,激励优秀人才投身农村教育事业。五是加强农村教育发展管理,针对不同农村教育类型,制定相应的科学合理的教育质量考评体系,强化多渠道监管,不断提高农村教育发展水平和教学质量,培育更多的优秀农村人才。

此外,要根据离农农户转型发展的特点与需求,特别重视对离农化农户的未成年子女代际教育保障。某种意义上讲,子女作为一部分非农化转型农户家庭的未来新生代主体,他们是最终实现离农农户市民化成功转型的关键群体,而培育和提升其教育知识人力资本积累是其重要环节。但由于农地征用和离农化的农户向新的安置区或城镇迁移,原有的学校及教育资源供给可能被打破,因此,如何根据形势变化,确保失地农户学龄子女的代际教育有效供给值得各界关注。当前应按照教育特别是基础义务均等化发展的要求,重视构筑对包括被征地农民子女在内的各类新生代发展群体的教育保障体系。具备城乡教育一体化发展条件的地区,现逐步推行按照居住地而非户籍原则就近入学制度,实现随被征地农民进城的学龄子女能在城市学校就近入学,享与城市学生同等的受教育待遇,有关部门要予以相应经费保障;其次,根据不同转型农户的流动特点,侧重在农村新居住点或城郊安置区等新聚居区域,相关部门除了要重视保障房建设之外,还要注重完善相关周边交通、通讯以及生活配套设施,尤其要重视配套中小学校、幼儿园等公共服务机构建设,提供必要的师资与教育经费保障,确保异地迁居农户的子女能在新的环境下平等享有受教育权利。

9.2.3 构筑有效的农户技能人力资本培育体系

针对转型农户家庭成员开展针对性的专业技能培训,根据不同兼业农户发展路径,可围绕从事现代农业生产经营领域以及非农产业领域的相关职业技能开展多种方式的培训,使其掌握所从事专业化职业所需的一技之长,既能有效增加其就业流动的成功率,也能提高就业收益水平,因此是促进兼业农户转型进程中就业发展的最直接有效人力资本投资形式。其中,要围绕建立健全对农民的非农职业培训体系和提高培训成效两层面,构筑促进非农兼业农户有效离农化发展。

一是要健全和完善被征地农民职业技能培训实施体系,实现农民培训途径和方式的多元化。首先,农村职业教育和成人教育作为农村职业技能培训的重要载体应得到大力发展,各级政府部门应在人、财、物等教育资源投入方面予以积极支持;其次,应鼓励社会其他培训组织和力量深入农村,面向有非农就业意愿的农民进行定点技能培训。开放城市职业教育机构增加招收农村学生;允许并鼓励各种职业中介和拟招收民工企业等到农村设定固定培训点,有针对性对进城农民工进行岗前定点培训和延续培训,另外在严格监管下,允许专业培训机构对农民工提供一些有偿培训服务等;最后,注重对年老、残疾、患病等就业弱势被征地农民的就业扶持,通过纳入城镇低保等途径,努力改善其健康水平和劳动能力,减少因病、因残而被迫失业的几率,同时针对性实施以政府买单为主的实用技能培训和职业帮扶,以实现其个人及家庭适度参与非农就业的目标,以提高该地区被征地农民整体劳动技能水平。

二是要重视培训效率。首先,要以市场需求和就业导向作为衡量被征地农民职业技能培训成效的主要指标,强化市场和效率意识。各专业培训机构应紧贴当前非农就业市场需求热点设定专业和培训技能方向,在教学中要狠抓培训质量,形成一整套培训绩效考评体系,确保受训学员能较扎实地掌握和运用相关技能,符合就业市场的要求。其次,要在农村职业培训机构中引入市场竞争机制,形成竞争性农村劳动力培训市场,允许不同培训机构之间开展有效竞争,尊重并发挥农民作为培训市场主体的自由选择权,政府减少直接干预程度,让市场竞争和优胜劣汰机制成为推动被征地农民职业培训效率提高的核心力量。最后,政府应着力维护竞争性培训市场运行的外部环境。包括制定相关法律法规,及时惩处培训市场中出现的各种损害培训农民利益的违法行为;借助相关信息披露、产业政策引导等途径对培训市场运行进行必要的间接调控;对培训市场中的弱势群体如缺乏投资能力的贫困农民,给予一定的扶持和帮助,比如,实施由政府买单的困难被征地农民免费培训计划等。

9.3 扶持非农就业发展，增强兼业农户的主动离农决策能力

对于特定非农兼业农户而言，其主动离农决策的形成应是基于离农收益大于离农成本的基础上，而其中实现离农收益持续增长的核心前提是促进农户劳动成员尤其是核心成员——户主获得充分有效的非农就业扩展机会和较高的非农收入水平。当前长三角地区兼业农民群体内部存在着显著的就业分化特征，并由此构成了对其就业行为与市民化转型能力差异的直接影响。但应看到的是，长三角被征地兼业农民就业分化的形成是由长期农村非农化发展的历史因素与当前城镇化农地征用的现实因素共同作用的结果，其决定了被征地农民就业分化将在一段时间内持续存在。因此，从更好地扶持不同兼业农民非农就业发展的角度看，应形成"短期差异化与长期均等化"就业扶持政策思路。

9.3.1 短期要实施差异化就业扶持战略

针对不同兼业农民个体当前所处的不同就业层次与就业能力水平状况特征，制定差异化的就业扶持与促进政策思路。当前按照所从事非农职业层次的分化程度，可将被征地农民划分为三种类型：低端就业型、中端就业型与高端就业型，而每种就业类型被征地农民的扶持战略思路重点不尽相同。

（1）低端就业型被征地农民扶持政策思路。低端就业型是指在农地征用后处于无业、农业或短期雇工等下层与中下层职业的被征地农民。由于这部分被征地农民总体就业层次水平偏低，因而极易陷入生计风险。因此，扶持低端型就业的战略思路要立足于以帮扶其积极实现非农就业与注重基本社会保障为侧重点，要将缓解弱势群体失业、促进再就业等各类劳动帮困政策、城乡基本社会保障政策与被征地农民安置补偿政策有机契合起来，做到面向就业困难的被

征地农民群体全覆盖,形成推动低端型被征地农民就业发展的政策合力。

(2)中端就业型被征地农民扶持政策思路。中端就业型一般是指被征地农民已从事相对稳定的非农职业,具有一定的职业技能与收入水平,主要处于职业层次中的中层"长期雇工"和中上层"技术人员"等,但考虑其与处于上层"创业与管理者"阶层相比,无论是职业层次与收入水平都存在一定差距,且部分长期雇工的被征地农民所从事企业层次或工作岗位技能依然偏低(如一般中小企业的简单操作工),长期来说,依然存在某种失业风险,因此,促进中端型被征地农民就业发展的战略思路是要将促进各类中小微企业发展与被征地农民就(创)业扶持政策有机地契合起来,形成推动中端型就业发展政策合力。

一方面由于广大中小企业是被征地农民就业的主战场,因此扶持中小企业发展是促进被征地农民有效就业的重要途径。要注重扶持本区域中小企业尤其是劳动密集型中小企业的创新创业发展,不断提升企业产业产品层次与技术水平,提高企业竞争能力,从而为所吸纳的包括被征地农民在内的所有员工能提供大量的持续稳定与高收入回报的劳动就业岗位,从而为被征地农民有效就业发展创造良好的外部条件。

另一方面,也要注重扶持具有自主创业意愿的被征地农民自主创业。人社与财政等相关部门要面向被征地农民建立系统可行的就业创业扶持体系,围绕被征地农民需求,开展各类 SYB 等创业培训,提供各类创业信息与创业辅导、创业金融扶持与创业优惠政策,鼓励被征地农民利用自身所掌握的技能、征地补偿资金或资产物业,兴办各类中小企业、小微企业以及家庭服务业;要重视鼓励和扶持青年被征地农民(特别是女性)追求自主创业等高层次就业,以创业带动其他家庭成员就业,实现以创业的就业扩散效应;针对被征地农民创业新办、扩办中小企业的特点要求,要重点围绕项目载体保障、融资担保、技术升级改造、生产规模扩大、劳动用工、社会保险补助、税费优惠等方面提供政策支持。

（3）高端就业型被征地农民扶持政策思路。针对当前已从事创业与企业经营管理者的被征地农民,要围绕进一步提升其创业经营企业的各方面层次水平,做大做强企业,从不断提升长期竞争能力等方面进行扶持。其核心在于将促进区域产业与企业升级转型发展及科技创新政策与扶持被征地农民创业政策有机地结合起来,形成推动高端就业型被征地农民发展的政策合力。现有各类扶持产业转型升级与企业创新发展的政策,只要符合要求,原则上都应推广运用于被征地农民所兴办的各类创业企业,做到与其他企业一视同仁,不得歧视;各地政府所设立的各类企业引入高端人才和项目专项的辅导与开发基金也应对被征地农民创业企业开放,鼓励其重点引进和培育能够提升本区域产业层次水平的各类高层次创新创业领军式人才与项目,增强企业发展后劲;同时鼓励被征地农民所兴办的各类企业能充分利用各类区域高科技创业园区或孵化器等高端创业平台,有关部门也要将被征地农民兴办的各类企业优先纳入区域创新创业服务网络体系,并在产业引导、融资担保、风险管理、研发协助、专利保护、税费优惠等多方面提供政策扶持,以不断提升企业的发展层次与水平。

9.3.2　长期要致力推进就业均等化发展战略

着眼于未来推动实现城乡、区域和不同人群之间就业统筹与就业平等化发展的目标要求,要基于十八大及十八届三中全会关于城乡一体化发展战略精神的指导下,着力通过打破城乡、区域间劳动力市场分割壁垒,实现公共就业服务均等化,重点消除针对被征地农民等转型群体各类就业制度壁垒与歧视政策,提供均等化的就业机会与信息披露、公平公开的就业环境营造,构筑面向包括被征地农民在内的所有城乡劳动者平等开放的有效公共就业服务体系,培育基于能力绩效导向的不同职业阶层的平等进入机会和扶持通道机制;同时通过前期针对性的被征地农民差异化就业扶持政策的实施,努力缩小被征地农民就业分化差距,进而实现被征地农民与其他劳动群体之间,以及被征地农民群体内部的就业均等化发展目标。

9.3.3 消除农民非农就业发展的体制壁垒

市场经济条件下,规范有效的就业发展应是建立在以人力资本能力为核心、以劳动效率为导向,强调劳动者之间基于能力差异的职位和收益竞争,进而形成一种人力资本能力导向型的市场化就业机制,在要求劳动者应形成自身较高人力资本能力的同时,还应注重构筑相应就业扶持的体制与制度体系,尤其要注重通过改革,消除相应制约就业发展的种种壁垒与障碍。

当前我国劳动力市场分割存在显著制度性分割障碍,不仅表现为城乡之间的市场割据,还表现为城市劳动力市场内部的分割,即基于劳动者之间的户籍身份、地域差异所导致的非市场化就业体制。在此背景下,进城被征地农民即便具备较高人力资本能力,但由于存在制度性歧视,要么无法进入正式部门就业,要么即使能够进入也只能从事临时工作,难以获取与其人力资本能力相适应的就业收益,造成就业机会不平等和"同工不同酬"现象,滋生了就业领域的腐败和用人不正之风,激化社会群体之间矛盾;同时直接降低了正式部门运行效率,导致其有效产出不足,不能满足社会需要;更重要的是,其也将损害和恶化农村人力资本运行环境,不能形成有效的劳动者人力资本投资收益决策的激励机制,进而导致社会人力资本积累不足。当前要通过深化体制改革,消除束缚迁移农户城镇化就业发展的制度壁垒。

首先,要进一步改革户籍制度,彻底剥离和化解依附于户籍制度的城乡之间、城镇居民和农村居民以及新市民之间围绕就业权、居住权、教育权、社会参与权、社会保障权、医疗服务权和公共设施权与福利服务权等方面的不平等待遇,进而从制度层面全面消除各种歧视性体制壁垒。

其次,要深化就业制度改革,构筑统一的城乡市场化就业制度,打破不同就业部门之间的制度性界限,消除就业的制度性歧视限制,确保城乡不同劳动者面临的就业机会均等;要加快推动国有部门在劳动用工、工资薪酬决定、绩效考评体系等方面的改革,废除传统计划人事制度,建立以人力资本为核心、以效率为取向、以市场竞争为手段的现代人力资源管理制度,实现与非国有部门在就业制度上的对接,从而在全社会范围内形成一种基于能力差异而不是身份、地域差异,统一市场化公平就业体系和机制。

构筑面向迁移农户就业服务体系。有效的职业指导和就业服务是保障迁移城镇农民实现非农就业发展的重要条件,要建立以政府宏观指导为基础,以劳动力市场调节为杠杆,以相关就业服务部门为依托,以公益性、社会性社会中介为桥梁,建立就业信息、职业培训、技能鉴定、职业介绍四位一体的就业服务体系。其中,政府扮演了核心角色,其既要负责对上述各相关社会就业服务机构运行有效监管,还需要对被征地农民的就业流动和择业提供公益性专项服务;要成立专门面向迁移农户就业流动的公共服务部门,提供公共就业服务,具体服务内容包括:相关就业信息披露、免费职业介绍、劳动就业政策咨询、就业指导和技能培训等等,以提高其非农就业流动能力;注重通过面向转移农户开展 SYB 创业培训,提供创业辅导,实施创业财税优惠等政策,鼓励和扶持离农农户自主创业,以提升其就业层次与水平。

最后,针对少数流入地政府部门和企业所制定的种种歧视和限制外来人口就业、维护本地就业的地方保护主义"土政策",要通过强化行政干预和行政执法等方式,予以彻底整治;要鼓励各地积极探索进城务工农民在就业准入制度、劳动福利、工资报酬、工作时间、社会保障、居住生活条件以及子女就学和自身培训等诸方面享受与城市本地居民同等的待遇,积极探索建立城乡平等、一体化就业制度的途径和渠道,为促进迁移农户成员非农就业长效发展机制和城乡经济的协调发展创造有利的条件。

9.4 改革城镇化征地制度，为兼业农户转型发展提供支持

当前长三角地区农村城镇化进程不断加快，农村大量土地面临征用与流转，这无疑构成了推动兼业农户离农化与转型发展的强大外部推力，然而，在此过程中，应高度重视和充分体现农户农民的自愿意识与主动参与原则，任何违背其意愿的"被动强制性"发展政策与行为，都会最终导致农村"四化"同步发展与农户非农化转型的失败。基于本书的研究观点，兼业农户是否愿意积极主动地参与城镇化土地征用与流转，其根本点在于一方面能够确保农户在征地行为过程中享有必要合理的权益保障，更重要的是农户在失去土地后能够获得维系其个体及家庭长期可持续生计的发展机会，其中非农就业能力保障极为关键。而从现实情况看，长三角一些地区现有的城镇化及相关征地政策存在一些缺陷与不足之处，导致农户对征地满意度水平普遍不高。因此，应着眼于构筑有效激励农户自愿主动参与离农化土地流转行为机制，在此基础上，进一步改革与完善城镇化征地制度。

9.4.1 深化农村土地制度领域改革，充分重视和保障农民依法享有土地权益

正如前文分析指出的，受我国长期城乡分割体制影响，农村集体土地与城镇国有土地在土地性质、所有权方式以及征用收益水平方面存在显著的二元化产权态势，同时，农村集体土地在集体所有权与农民承包权等权益划分上也不明确，由此导致农村集体土地非农化开发与权益分割过程中，重城轻乡、重组织轻农民色彩明显，导致土地流转收益分配的"剪刀差"问题严重，最终农民所获得的土地收益偏少，再加之一些地区农村基层政府在征地过程中缺乏公开透明流程，违背农民意愿，恶意违规征地与压低农民补偿等违规违法问题，都严重地损害了农民利益，在此情形下，导致农民对"被动"流转农地

与宅基地等离农行为的抵触心理。因此,当前要通过深化农村土地制度改革,重点化解当前农村土地产权制度弊端。十八届三中全会和 2014 年中央一号文件都明确提出,新时期要加强对农村土地产权与权益界定的制度建设,重点要明确农民对农地承包权与宅基地使用权等合法土地权益的确权登记,允许农民依法租借转让、质押、流转所拥有的相应土地经营使用权,并获得相应土地权益保障,加快建立农村土地使用权流转市场体系,改革现有农地征用补偿政策中仅对土地附作物进行补偿的不合理做法,进一步强化对农民的土地使用权转让的权益补偿机制。

9.4.2 推动就业优先型城镇化与土地征用发展战略目标转型

实现兼业农户最终离农化转型的根本途径在于促进其有效就业增长,因此,未来有必要推动城镇化发展战略目标及相关政策转型,其核心是摒弃单纯重视 GDP 增长的经济目标,而要将区域就业与公共福利增长等民生目标统筹纳入区域城镇化发展规划与土地征用政策的考核范畴,将城镇化作为带动农民非农就业增长的良好契机和重要推手。因此,应确立就业优先型城镇化发展战略目标,城镇化战略取向上,要在考量区域经济增长的带动效应基础上,进一步向包括离农化转型农户在内的区域民众就业机会创造和就业升级发展的民生目标倾斜,进而推动征地开发模式和征地补偿等相关城镇化政策转型创新,以营造区域经济发展与就业民生兼顾的良性互动态势,为离农农户成员就业发展创造良好的外部条件。不同地区要结合本地实际,努力实现城镇开发产业项目要面向离农化转型农户等普通民众提供充分就业机会与营造更好的就业环境。

一是征地开发项目遴选要优先向那些就业层次高、区域就业、创业带动效应强的开发项目与产业形态倾斜,鼓励符合条件的开发项目(如交通基建、房地产项目等)与投资企业同等条件下要优先吸纳被征地农民就业。

二是针对一些科技型与资本密集型等高端产业开发项目,由于其职业岗位知识与技能要求高,对一般离农化转型农户的直接就业拉动效应不强,应要注重通过广泛的产业配套、市场配套与后勤配套等方式,努力发展一些劳动密集型产业、中小企业以及餐饮、商贸等生活服务业具有显著"就业蓄水池"效应的产业,发挥规模经济与范围经济效应,千方百计为离农农户营造各类间接就业机会。

三是注重在离农化转型农户聚居的新城镇、新集中安置点等区域,积极鼓励用人单位发展各类公益型与半公益型劳动就业岗位,面向那些年龄偏大、体质偏弱、文化程度与技能水平偏低的"三低型"就业困难离农农户提供诸如社区物业管理、卫生保洁、社区助理等基本岗位等,有关部门要在行政审批、场所资源提供、财税补助等多方面提供政策扶持,同时大力发展各类就业中介信息、培训与创业辅导等公共就业服务,以帮助离农农户就近获得就业机会。

9.4.3 改革完善征地补偿政策

在征地政策层面,当前要在继续强化规范拆迁、阳光拆迁等程序公正合法,坚决查处和杜绝少数地区部门与干部的恶意侵犯被征地农民合法权益各类违规和违法征地拆迁行为的同时,要改变当前单纯重视对被征地农户的短期利益补偿与收入增长目标,把如何维系离农化转型农户长期收入持续增长纳入征地安置与补偿政策的重要目标,重点围绕扶持提升离农化转型农户就业发展能力,逐步改革和优化征地安置补偿政策与流程。

征地补偿方式层面上,要改变当前一些地区仅注重面向被征地农户提供一次性"货币补偿"方式,补偿后也不闻不问,缺乏合理引导与宣传,导致少数素质不高的离农化转型农户短期就业意愿降低,出现过度挥霍浪费补偿款,"坐吃山空",甚至沉迷赌博、吸毒等违法行为,要注重结合离农化转型农户个体条件、发展能力与本人意愿,合理制定差异化补偿方式与发放流程,可采取一次性和多次性货币补偿、社保补偿乃至必要的就业补偿等多种安置方式相结合,努力防止单一补偿方式导致被征地农户满意度不高和不利于就业发展问题。

注重将扶持被征地农户家庭人力资本发展,促进农户有效非农就业增长,为失地农户营造良好的可持续生计发展纳入征地与补偿思路,以构筑促进被征地农户自愿流转农地离开农业进而成功迁居城镇离开农村等彻底离农化行为决策。

9.5 构筑兼业农户转型发展的保障体系

实现兼业农户从农业向非农就业、从农村向城镇化的离农化转型发展过程必然充满着不确定性和风险,而有效化解风险,实现成功转型,除了要求农户家庭成员自身应积累相应人力资本能力,实现非农就业发展之外,还需要政府和社会对其离农化转型发展提供必要的保障体系。

9.5.1 加强对离农农民合法劳动就业权益的保障

要贯彻落实《城乡就业促进法》中进一步明确的城乡劳动者应享有的平等的劳动就业权和收益权,从法理上保障被征地农民的各种合法权益不受侵犯;当前各级政府部门要加大对农民工就业用工市场的检查执法力度,规范市场秩序,重点查处少数用工单位所存在的不与农民工签署劳动合同、恶性拖欠或拒付工资、劳动条件恶劣、打骂或虐待农民工等一系列严重劳动违法行为,保护农民工的合法权益;除此之外,有条件地区可尝试通过组建农民工工会或协会等形式,通过组织化手段增强农民工群体的自我保护意识和能力。

9.5.2 构建对离农农户的社会保障体系

要按照新型城镇化与公共服务均等化发展的目标,逐步推行城乡一体化社会保障制度体系,将所有农户都统筹纳入到社会保障体系中来,对离农步入城镇非农化发展的农户成员,要实现与城镇职工享有同等的社会保险待遇,使得这部分劳动者在为城市发展做出自身贡献的同时,也能够享受到与城镇职工同样的养老、医疗、工伤等多方面社会保障权益。

9.5.3 强化对离农农户法律权益保障

要增强农民懂法、用法能力。要通过送法律进社区、进安置点、进企业、进工地等形式,向离农农户宣传法律知识,提高法律素养,增强法制观念,做守法公民,鼓励其在面临征地和离农过程中,善于运用法律武器保护自身合法权益;与此同时,有关部门要大力支持和保护农户的合法维权行为,提供法律援助,严格执法,及时惩处各种在农户离农过程中的损害农民权益的违法行为,以维护法律制度的尊严。

9.6 本章小结

本章主要围绕促进兼业农户转型发展的公共政策进行了研究。由于兼业农户客观上存在显著的就业差异与发展分化特征,因此,在当前城镇化与农村"四化"发展战略背景下,针对这一群体现代化转型的扶持政策,本书提出的基本建议包括:

(1)基于就业分化思路明确不同兼业农户转型发展的差异性战略定位。根据资源禀赋发展条件与相对比较优势原则,提出差异性兼业农户转型战略定位。其中,对于农业兼业农户,可实时发挥其在农业生产领域中的相对优势,立足基于农业产业内部实施转型发展,促进一些具备发展意愿与条件的农业兼业农户向现代农业经营转型,通过科技扶持与培训等途径,使其成为能够从事现代农业产业经营的职业化农民与专业农业经营者,而非简单推动其整体向非农化转型;对于非农兼业户,可基于不断提升其非农就业水平,实现农地流转与从农业领域完全退出,向非农户转变,并为流转宅基地迁居城镇奠定基础;对于非农户,可通过完善城乡人口流动与公共服务均等化体系,促进其彻底离开农村而向城镇迁移并最终实现城镇市民化转型。

（2）促进转型农户人力资本发展。人力资本是维系个体素质与就业发展能力的内在保障。要把加强转型农户人力资本投资，提升人力资本积累水平，作为推动有效就业发展的根本举措。应围绕建立健全城乡医疗卫生体系、医保制度以及有效健康管理机制，促进转型农户健康人力资本积累，深化农村教育体制改革以及构建流动人口教育保障机制，形成对离农农户及其学龄子女的教育人力资本培育，根据不同农户转型发展的目标定位，通过完善多层次领域的专业技术与职业技能培训体系，注重提升培训实效，促进农户成员的专业技能人力资本积累，成为能够从事现代产业生产经营的高素质劳动者。

（3）扶持农户成员特别是核心成员——户主的非农就业发展。构筑非农兼业农户主动离农决策机制形成的重要立脚点和基础是推动农户成员特别是户主成员的有效非农就业发展，这要求除了要重视其自身人力资本发展以具备较强非农就业成长的内生能力的同时，还应注重强化外部相应的非农就业扶持体系建设，要确立"短期差异化——长期均等化"就业扶持发展战略，同时通过深化改革，消除阻碍农民非农就业的种种体制壁垒。具体包括：要通过深化体制改革，消除束缚迁移农户城镇化就业发展的户籍、劳动力流动、就业与公共服务等领域的制度壁垒，构筑面向迁移农户的社会化就业服务体系，强化劳动权益法律保障等等，从而为转型农户获得均等化就业发展机会扫清制度障碍。

（4）围绕促进被征地农户就业发展与保障合法权益，以提升其主动参与城镇化土地流转意愿与满意度水平为根本目标，改革完善城镇化征地制度。具体包括：深化农村土地制度领域改革，充分重视和保障农民依法享有土地权益；将就业优先型目标纳入城镇化与土地征用发展战略，为包括失地农户等普通民众提供充分就业发展契机；进一步改革和完善征地思路、实施流程与补偿方式等多方面，以扶持被征地农户家庭人力资本发展，促进农户有效非农就业增长，为失地农户营造良好的可持续生计发展，构筑促进被征地农户主动彻底离农化行为决策。

（5）要通过完善相关针对外来农民工的合法劳动就业权益保障、社会保障体系以及法律权益保障等，营造推动兼业农户离农化与转型发展的良好环境支持。

第 10 章
结论与后续研究问题

10.1　主要结论

　　本书以长三角地区为调查范围,基于人力资本视角,围绕我国农村工业化与城镇化发展背景下的农民兼业、离农化决策与分化发展主题进行了理论分析与实证研究,构筑一个基于农户人力资本→家庭成员非农就业发展→农户兼业行为演变→其离农化决策→离农后的分化演变之间的理论逻辑关系和分析框架,深入剖析了其中内在作用机制与影响效应,并运用长三角 1894 个不同层次兼业农户的调研数据进行了实证研究,相关研究结果充分验证了最初所提假说。本书的主要研究结论大致包括 9 点:

　　(1)理论上发展中国家农户兼业行为的形成与离农化演变同时具有宏观属性和微观属性。宏观上反映了城乡二元经济社会结构向一元化转型过程中农民非农就业流动的非充分性,从而导致农户整体非农化转型发展的不完全性;但微观层面上则是受不同农户家庭基于特定外部环境与内部禀赋条件共同约束下的围绕家庭成员劳动分工与供给决策行为的影响。因此,农户兼业具有一定的历史阶段性与必然性,农户非农兼业的高度化将是最终趋势。然而,基于我国特定国情决定了改革开放以来农村社会经济结构的转型与农民兼业行为演化路径具有显著的中国特色发展特征,当前我国长三角等经济发达地区正经历新一轮城镇化发展浪潮,由土地征用构成了对兼业农民行为及其离农决策的外部性强制性制度变迁机制,形成所谓

"被动离农化"效应,在此背景下,其与农户非农就业拓展所形成的"主动离农化"决策存在根本性区别,这使得我国农户兼业行为与离农演化更具有深层次复杂的特殊性规律。总体而言,我国农户兼业类型存在多层次划分角度,而由农户人力资本决定的非农就业因素是导致农户不同程度兼业行为乃至最终离农化决策形成的核心动力。

(2)当前以长三角为代表的我国东部经济发达地区农户兼业行为较为普遍,存在着多种形态及类型的兼业,其中非农化兼业程度普遍较高,反映了农户兼业发展受区域经济环境条件的影响显著。总体上长三角兼业农户离农化模式存在两种基本类型:流转农地离开农业与迁居城镇离开农村,调查发现样本区兼业农户存在不同程度的离农化意愿倾向,但愿意迁居城镇的农户比例要显著高于愿意流转农地的比例,当前农村土地制度产权缺陷以及基于人力资本差异下不同农户家庭的非农就业水平差距构成了影响农户离农与不离农意愿选择的两大核心动因,而其中由农户人力资本决定的非农就业因素对农户离开农村迁居城镇意愿和融入城镇市民化能力的形成具有决定性作用。

(3)运用单变量方法分别建模分析发现,农户家庭成员非农就业变量和人力资本变量分别对农户兼业行为具有正向显著影响。基于非农就业层面,家庭成员(夫妻)的非农就业状况对长三角农户兼业行为的形成与发展具有重要影响,不同地区非农就业维度因素对其兼业行为的影响存在分化效应。经济相对更发达的一类地区中,家庭成员所从事非农职业层次水平构成了农户选择高层次非农化兼业的关键因素,而与之相反的是,经济相对欠发达二类地区中,家庭成员所从事的非农职业风险程度构成了该地区农户兼业非农化发展决策的核心因素,突出表现为,相比更发达的一类地区,次发达的二类地区农户总体非农就业层次水平不高,兼业农户更关注非农职业的安全性和风险降低,尤其是社会保障因素将决定农户是否愿意提升非农化兼业程度的重要因素。基于人力资本层面,农户兼业行为与农户家庭整体人力资本因素存在数量效应与结构效应，此外，人力资本能力维度中的健康、教育、以工龄为衡量的技能以及以就业地点为衡量的迁移人力资本对不同兼业农户的影响效应存在显著的差异性特征。

（4）进一步从单变量角度考察兼业农户离农化决策形成因素，分别考察农户家庭非农就业与人力资本两大核心变量对兼业农户参与流转土地离农意愿的影响效应。研究发现，从总体层面看，非农就业状况对长三角地区兼业农户离农化决策具有显著正向影响，其中家庭男性户主的非农职业层次因素和女性户主非农职业的社会风险程度是构成影响农户彻底离农意愿的两大突出核心因素，表明长三角地区农户在彻底离农决策的非农就业因素考量上，更注重就业的长期发展能力而非短期收入水平。与此同时，不同区域农户离农决策模式存在一定差异，经济相对更发达地区的农户离农化决策具有某种外部环境驱动型群体决策行为，而相对次发达地区农户离农化决策更趋向于某种农户个体家庭决策推动型特征。

家庭人力资本因素与兼业农户离农化决策之间具有紧密关联。一方面存在显著的人力资本数量效应。农户平均人力资本水平越高，农户主动离农倾向越大，另一方面，农户离农决策还受农户人力资本结构效应影响，两者之间构成负向影响关系，家庭成员间人力资本差异度越大，将会降低农户离农意愿。而总体上人力资本对农户离农意愿影响的结构效应要大于数量效应。不同维度人力资本能力对农户离农决策影响存在某种差异效应，尤其是单纯依靠现有非农岗位的"干中学"并不能让农户成员积累充分的技能人力资本和提高非农就业能力，进而难以增强农户主动离农的信心保障。

兼业农户离农化决策同样也受到家庭和区域等其他因素的影响。其中城镇化征地政策影响尤需值得关注，受当前征地与补偿政策等种种缺陷的影响，征地总体上并不能构成推动兼业农户主动自愿流转土地而离农化的积极因素，现阶段部分农户放弃土地可能更多地是一种外力强制效应下的"被动型"离农行为。因此，本书认为，在忽视扶持农户成员长期非农就业发展下,单纯强调经济补偿的农地征用政策并不能真正促进农户从心理上彻底离农意愿的提升,即便在现实中被迫放弃了农地权。因此,只有通过改革和完善城镇化征地开发与补偿政策,使得征地行为能够促进农户成员人力资本积累,增强失地农户家庭的整体非农就业能力水平,特别是要注重提升农户成员的职业层次和化解职业风险等长期因素,才能构筑农户主动自愿离农化决策意愿形成的长效机制,唯有如此,农户才能真正欢迎并深度参与城镇化农地征用行为。

(5)从多变量角度,基于户主视角,构建了农户人力资本、非农就业与兼业程度及其离农化决策的 SEM 模型,研究表明,家庭核心成员——户主因素构成了农户经济决策形成的关键环节,无论是农户兼业行为还是离农化,其实质都属于农户决策行为,而农户决策的形成机制是集体主义与个人主义相结合的结果,一方面农户所有劳动成员的因素条件对农户决策具有某种影响,但另一方面,家庭核心成员特别是户主因素则最终构成了对农户决策演进的内生决定影响;农户非农化兼业发展对农户主动离农决策具有直接而又显著的促进作用,推动兼业农户非农化程度持续提升的根本路径在于促进农户成员特别是户主人力资本发展,以带动农户家庭非农就业增长与非农经济比例的攀升。

户主非农就业因素对农户主动离农决策具有直接效应与间接效应双重影响。一方面,户主非农就业水平构成了直接促进农户离农化决策的重要因素,另一方面,户主非农就业水平也能通过影响农户非农化兼业程度,进而构成了对农户离农化决策变量的间接影响,户主作为农户家庭的主要劳动成员,构成了家庭决策的核心主体,农户离农化决策行为更内在地体现为户主的决策意愿与发展条件,当农户户主的非农化程度总体偏低时,即便家庭中存在其他一些次要劳动成员从事某种非农就业,并获得较高非农收入,但户主通常会基于家庭未来长期发展和不确定性风险控制的考量,仍难以形成农户家庭的彻底离农化决策意愿。

人力资本是决定户主非农化发展能力进而推动农户家庭非农化决策的根本性因素。户主人力资本变量构成了对农户非农兼业变量与离农决策变量的多维复杂影响路径,既包括基于户主人力资本的决策能力维度下对家庭兼业与离农决策行为的直接影响,更涉及到基于人力资本的非农就业促进维度下形成的对农户非农化兼业与离农的间接影响,这充分验证了本书的核心思想,农户家庭无论是非农兼业还是彻底离农化等经济行为决策,其本质上是由农户人力资本因素及由此形成的"非农收入增长效应""与家庭决策效应"双重作用机制所驱动的,而农户人力资本因素既涉及到家庭所有劳动成员的人力资本状况,更深层次受到农户核心劳动成员——户主人力资本变量的影响,其中"家庭决策效应"的形成更显著受制于农户人力资本因素状况。

（6）理论上发展中国家城乡二元经济结构的一元化转型发展进程是伴随着农民的持续就业分化过程。改革开放以来,我国农村经济社会结构变迁的突出特征之一是实现了农民非农就业的多阶段分化演变。当前由城镇化发展驱动的农地征用行为构筑了兼业农民"外力推动型"离农模式,也构成了推动兼业农民就业进一步分化演变的环境动力,离农后的兼业农户存在着多维差异性就业分化特征,但受到不同失地农户家庭经济禀赋与就业条件差异化的影响,使得相比以往的农民就业演变,而被征地农民就业分化对其市民化程度的群体分化也具有某种内在决定机制。当存在持续的就业分化,将使得不同被征地农民群体间长期收入水平呈现显著差异态势,扩大了被征地农民市民化转型的经济能力差距的同时,也进一步影响其市民化转型的社会适应能力与心理感知能力,最终构成了被征地农民基于市民化程度的群体分化格局的形成与固化的核心因素。

（7）通过对长三角农户调研样本中 858 个高度征地的离农农户成员就业变化调查分析表明,被征地农民就业分化特征十分显著,不仅体现为征地前后,农民围绕涉农就业、非农就业与失业之间就业模式的根本性变迁,且更突出反映为农民在所从事非农职业层次和水平的差异变化,而后者构成了长三角等经济发达地区被征地农民就业分化的重要特征,由就业模式与职业层次的分化差距又进一步推动了被征地农民非农收入水平与养老保障形态等方面的分化演变,从而长期将不断拉大不同农民间福利水平与发展能力,进而诱发群体分化风险。

影响被征地农民就业分化的因素具有多层次性,而人力资本与征地政策因素构成了其中两大核心变量。运用多元 Logistic 模型对长三角 858 个被征地兼业农民数据进行实证分析表明,征地前,长三角地区农民职业已呈现出显著的分化特征,而征地后农民职业分化程度进一步加剧。导致被征地农民职业层次分化的因素具有多重差异性影响特征:不同性别、年龄被征地农民间的职业分化差距拉大,中青年男性农民选择从事更高职业层次就业的概率加大;而人力资本构成了影响被征地农民职业分化的最直接显著因素,拥有更高健康、教育和技能等人力资本水平的被征地农民更倾向于从事较高职业层次;而不同征地因素对被征地农民职业分化具有差异性影响。征地程度的加深,将构成农民努力追求中层以上非农职业的外部推力,而征地货币补偿对被征地农民就业影响可能同时存在"投资品"和"消费品"的双重反向效应,而只有强化征地与补偿政策的"投资品效应",弱化"消费品效应",才能有助于促进被征地农民职业水平提升与就业增长。

(8)被征地农民就业分化是推动其市民化发展程度的群体分化的最终关键因素。为了深入揭示城镇化土地征用背景下的被征地农民就业分化与群体行为分化的内在规律,本课题通过引入满意度指标,构建了被征地农民征地满意度因素、就业分化与群体分化之间的影响关系与路径的 SEM 模型,并运用统计数据进行了实证检验。研究表明,征地满意度因素对被征地农民的总体福利水平与转型发展能力具有直接而又重要的影响,提升被征地农民征地满意度,有利于更好地保障被征地农民合法权益不受损害,进而促进其平稳有效转型,而被征地农民征地满意度的形成具有系统性多层次特征,其中征地程序构成了满意度形成的前提与必要基础,而征地项目对当地农户就业与长期收入增长的贡献度是农民征地满意度形成的最终因素,征地补偿构成了影响短期内征地满意度的重要因素;被征地农民市民化转型需要从经济、社会到心理等多方面能力培育,而非农就业发展构成了支撑被征地农民形成长期可持续市民化能力的重要保障,因此在今后的征地与安置补偿政策中,要考虑将保障被征地农民短期经济权益与促进长效就业发展有效结合,以构筑被征地农民满意度极大化与形成长期市民化发展能力。

(9) 促进兼业农民有效分化与转型发展,既是提升其可持续生计发展能力的重要基础,同时也是推动新型城镇化与农村"四化"发展的核心内容之一。但由于兼业农户客观上存在显著的就业差异与发展分化特征,因此,针对这一群体应采取不同转型发展扶持政策。具体包括:以就业分化思路明确不同兼业农户转型发展的差异性战略定位。其中农业兼业农户未来可向从事现代农业产业经营的职业化农民与专业农业经营者转型;而非农兼业户以及非农户应积极创造条件,鼓励引导其流转农地和宅基地逐步从农业、农村彻底退出,并最终融入城镇市民化;促进转型农户人力资本发展,构筑就业发展的能力保障机制,以"短期差异化——长期均等化"思路,通过深化改革,消除种种制约农民非农就业发展的体制制度障碍,扶持农户特别是核心户主成员的非农就业发展,以增强农户家庭离农化转型决策和发展能力;围绕促进被征地农户就业发展与保障合法权益,改革完善农村土地制度、重视城镇化征地开发的就业创造效应,改革与完善征地政策,从而提升其主动参与城镇化土地流转意愿与满意度水平;进一步深化城乡管理、劳动力市场以及公共服务领域的体制机制改革,消除种种壁垒与障碍,完善相关针对离农农户的合法劳动就业权益保障、社保体系以及法律权益保障等,营造推动兼业农户离农化与转型发展的良好环境支持。

10.2　研究不足与后续方向

受课题组的研究时间和研究条件等限制,本书还存在以下两方面不足及值得进一步后续研究丰富之处:

一是研究内容偏向"截面式"静态分析。本书虽然基于人力资本视角构筑了一个基于城镇化发展背景下农民兼业、离农化决策与离农后的分化等行为演变规律的理论分析框架,并采集了长三角农户调查数据进行了实证验证,但总体是基于多个农户横截面数据的静态分析,而并未形成对每个兼业农户基于不同阶段行为演变的动态跟踪,因而研究不可避免地具有一定的局限性。未来应尝试构建动态行为分析框架,特别是围绕征地前后特定农民个体的持续性就业行为以及其长期市民化发展能力变化进行分析框架设计,以达到深度把握其行为演变规律及其形成机制。

二是研究数据获取上也有所局限。实证研究范围略窄,课题设计仅针对长三角地区进行抽样调研,且受时间与研究条件制约,所获有效样本量仅 1894 份,因此,研究结果在代表性及面向全国推广性方面尚存在一些不足。后续研究有必要面向全国扩大调研范围,增加大样本数据采集与分析,并可开展不同区域比较研究,以深度揭示在不同地域、不同经济发展水平以及城镇化模式下的农户兼业行为、离农决策和分化演变机制的差异与演变规律。

参考文献

［1］高强. 发达国家农户兼业化的经验及启示. 中国农村经济. 1999(9).

［2］都阳. 劳动力迁移收入转移与贫困变化. 中国农村观察. 2003(5).

［3］梅建明. 工业化进程中的农户兼业经营问题的实证分析——以湖北省为例. 中国农村经济. 2003(6).

［4］杜鹰. 现阶段中国农村劳动力流动的群体特征与宏观背景分析. 中国农村经济. 1997(6).

［5］蔡昉、都阳. 劳动力流动的政治经济学. 上海三联书店. 2003：55—85.

［6］贺振华. 农户兼业的一个分析框架. 中国农村观察. 2005(1).

［7］向国成、韩绍凤. 农户兼业化：基于分工视角的分析. 中国农村经济. 2005(8).

［8］赵耀辉. 中国农村劳动力流动及教育在其中的作用. 经济研究. 1997(2).

［9］魏众. 健康对非农就业及其工资决定的影响. 经济研究. 2004(2).

［10］姚先国. 农民工职业分层与人力资本约束. 浙江大学学报(社科版). 2006(5) .

［11］钱忠好. 非农就业是否必然导致农地流转. 中国农村经济. 2008(10).

［12］陈晓红、汪朝霞. 苏州农户兼业行为的因素分析. 中国农村经济，2007(4).

［13］汪伟. 农民夫妻非农就业决策的微观基础分析——以山东省肥城市为例. 中国农村经济. 2010(3).

［14］林善浪、王健. 家庭生命周期对农村劳动力转移的影响分析. 中国农村观察. 2010(1).

［15］陆铭. 劳动经济学——当代经济体制的视角［M］，上海：复旦大学出版社. 2002.

［16］张务伟、张福明等. 农业富余劳动力转移程度与其土地处置方式的关系.

中国农村经济.2009(3).

[17] 陆学艺."三农论"——当代中国农业、农村、农民研究[M],社会科学文献出版社.2002:98—125.

[18] 张文彤. SPSS 统计分析高级教程(第二版)[M],高等教育出版社,2009:85—115.

[19] 高铁梅.计量经济分析方法与建模(第二版).清华大学出版社.2009:219—228.

[20] 刘靖.非农就业、母亲照料和儿童健康.经济研究.2008(9).

[21] 周波、陈昭玖.农内因素对农户非农就业的影响研究.农业技术经济.2011(4).

[22] 庞丽华、Scott Rozelle 等.中国农村老人的劳动供给研究.经济学(季刊).2003(2).

[23] 贺振华.劳动力迁移、土地流转与农户长期投资.经济科学.2006(3).

[24] 张林秀.经济波动中农户劳动力供给行为研究[J],农业经济问题,2000(5).

[25] 梁义成.离土与离乡:西部山区农户非农兼业研究[J],世界经济文汇,2010(4).

[26] 高明.徐天祥等兼业背景下贫困地区农户资源配置的特征与效率分析[J],经济社会体制比较,2012(2).

[27] 刘详琪、陈钊.程序公正先于货币补偿:农民征地满意度的决定[J],管理世界,2012(2).

[28] 陈浩、葛亚赛.征地满意度、非农就业与被征地农民市民化程度[J],西北农林科技大学学报(社科版),2015(1).

[29] 陈浩,农村劳动力非农就业研究——从人力资本角度分析[M],中国农业出版社,2008.

[30] 陈浩.非农职业因素对农户兼业结构及其离农意愿的影响[J],南京农业大学学报(社科版),2013(1).

[31] 陈浩、陈雪春.城镇化进程中被征地农民就业分化与特征分析[J],调研世界,2013(7).

[32] 陈浩、毕永魁.人力资本对农户兼业行为及其离农决策的影响研究[J],中国人口资源环境,2013(8).

[33] 张世伟. 城市中农村迁移家庭的劳动供给行为分析[J]. 中国人口资源环境,2011(8).

[34] [美]西奥多·W. 舒尔茨. 论人力资本投资[M],北京:商务印书馆,1990.

[35] [美]西奥多·W. 舒尔茨. 吴珠华译. 对人进行投资——人口质量经济学[M],北京:首都经济贸易大学出版社,2002.

[36] 赵耀辉. 中国农村劳动力流动及教育在其中的作用[J],经济研究 1997(2).

[37] 胡鞍钢. 从人口大国到人力资本大国:1980—2000[J],人口研究 2003(2).

[38] 吴业苗. 城郊农民市民化的困境与应对:一个公共服务视角的研究[J],中国农村观察,2012(3).

[39] 杨学成. 转型时期农民兼业问题的实证研究[J],中国农村观察,1998(3).

[40] 林乐芬. 征地补偿政策效应影响因素分析[J],中国农村经济,2012(6).

[41] 王春超. 中国农户就业决策行为的发生机制[J],管理世界,2009(7).

[42] [英]弗兰克·艾利思,胡景北译. 农民经济学——农民家庭农业和农业发展[M],上海人民出版社,2006.

[43] [日]速水佑次郎著,李周译. 发展经济学——从贫困到富裕[M]. 北京:社会科学文献出版社. 2003.

[44] [英]巴拉舒伯拉曼雅姆(Balasubramanyam, V. N.)拉尔(Lall, S.)著,梁小民译. 发展经济学前沿问题[M],北京:中国税务出版社. 2000.

[45] 张文彤. SPSS统计分析高级教程(第二版)[M],高等教育出版社,2009:120—150.

[46] 王兆林、杨庆媛. 农户兼业行为及其耕地流转方式影响分析[J],中国土地科学,2013(8).

[47] 李庆、林光华等. 农户兼业化与农业生产要素投入的相关性研究[J],南京农业大学学报(社科版),2013(3).

[48] 廖洪乐. 农户兼业及对农地承包权流转的影响[J],管理世界,2012(5).

[49] 林善浪、李龙新. 人力资本对农户兼业行为的影响研究[J],农村经济,2012(9).

[50] 郝海广. 农户兼业行为及其原因探析[J],农村技术经济,2010(3).

[51] 周其仁. 农地征用垄断不经济[J]中国改革,2001(12).

[52] 钱忠好. 农民土地产权认知、土地征用意愿与征地制度改革[J],中国农村

经济,2007(1).

[53] 鲍海君.论被征地农民的社会保障体系建设[J],管理世界,2002(11).

[54] 朱冬梅.城郊被征地农民就业意向、就业选择与社会支持网研究[J],城市发展研究,2008(1).

[55] 李富田.失地与失业:城市化进程中被征地农民就业状况调查[J],江汉论坛,2009(2).

[56] 谢勇.土地征用、就业冲击与就业分化,中国人口科学,2010(2).

[57] 牟少岩、杨学成.农民职业分化微观影响因素的实证研究——以青岛为例[J],农业经济问题,2008(11).

[58] 陈会广.农民职业分化、收入分化与农村土地制度选择[J],经济学家,2010(4).

[59] 许恒周.农民分化对农村土地流转影响的实证研究[J],中国土地科学,2012(8).

[60] 谢勇.被征地农民就业状况及其影响因素研究——以南京市为例[J],农业技术经济,2010(4).

[61] 朱明芬.被征地农民利益保障现状及对策[J],中国农村经济,2003(3).

[62] 臧俊梅、王万茂,农地非农化中土地增值分配与被征地农民权益保障研究[J],农业经济问题,2008(2).

[63] 周蕾.农民工城镇化的分层路径:基于意愿与能力匹配的研究[J],中国农村经济,2012(9).

[64] 李飞.人力资本、社会资本与被征地农民的职业获得[J],中国农村观察,2010(6).

[65] 李琴、孙良媛等.被征地农民是自愿还是非自愿退出劳动力市场[J],农业经济问题,2009(8).

[66] 张晖.被征地农民雇佣就业、自主创业的影响因素分析[J],南京农业大学学报(社科版),2012(1).

[67] 陆学艺."三农论"——当代中国农业、农村、农民研究[M],社会科学文献出版社,2002:98—125.

[68] 张文彤.SPSS统计分析高级教程(第二版)[M],高等教育出版社,2009:85—115.

[69] 张海波、童星.被动城市化群体城市适应性与现代性获得中的自我认同

[J]. 社会学研究. 2006(2).

[70] 冯晓平. 阶层分化下的被征地农民风险研究[J]. 中州学刊. 2011(5).

[71] 肖屹. 土地征用中农民土地权益受损程度研究[J]. 农业经济问题. 2008(3).

[72] 冀县卿、钱忠好. 基于市民化后被征地农民视角的征地制度满意度研究[J]. 中国土地科学, 2011(11).

[73] 李永友、徐楠. 个体特征、制度性因素与被征地农民市民化[J]. 管理世界. 2011(1).

[74] 郑杭生. 农民市民化: 当代中国社会学的研究主题[J]. 甘肃社会科学, 2005(4).

[75] 林乐芬. 城市化进程中被征地农民市民化现状研究[J]. 农业经济问题. 2009(3).

[76] 郁晓晖. 被征地农民的社会认同与社会建构[J]. 中国农村观察. 2006(1).

[77] 刘详琪、陈钊. 程序公正先于货币补偿: 农民征地满意度的决定[J]. 管理世界, 2012(2).

[78] 袁方、蔡银莺. 城市近郊被征地农民福利变化及个体差距[J], 公共管理学报, 2012(2).

[79] 赵建梅、孔祥智. 中国农户兼业经营条件下的生产线率分析[J], 中国农村经济, 2013(3).

[80] 康岚. 被征地农民被征用土地的意愿及其影响因素[J], 中国农村经济, 2009(8).

[81] 边燕杰. 社会分层与流动: 国外学者对中国研究的新进展[M], 中国人民大学出版社, 2009.

[82] 钟水映. 征地安置满意度实证分析[J], 中国土地科学, 2008(6).

[83] 谭术魁. 农民征地补偿满意度实证研究[J], 中国房地产(学术版), 2012(1).

[84] 李强. 社会分层十讲[M], 社会科学文献出版社, 2011.

[85] 张文彤. SPSS统计分析高级教程(第二版)[M], 高等教育出版社, 2009: 120—150.

[86] 陈浩、陈雪春、谢勇. 城镇化进程中失地农民职业分化及其影响因素研究[J], 中国人口资源与环境, 2013(6).

［87］ 陈浩. 人力资本对经济增长影响的结构分析[J],数量经济技术经济研究,
2007(8).

［88］ 陈浩、陈雪春. 城镇化进程中失地农民的健康风险与化解对策[J],天津行
政学院学报,2014(4).

［89］ 张忠明、钱文荣. 不同兼业程度下的农户土地流转意愿影响研究[J],农业
经济问题,2013(3).

［90］ 高强、雷海章. 农户分化背景下农村社会结构改革[J],农业经济问题,
1998(8).

［91］ 陈会广. 农户兼业化与农村土地制度变迁——基于家庭内部分工的分析
框架与政策含义[J],甘肃行政学院学报,2007(2).

［92］ 刘同山、孔祥智. 兼业程度、地权期待与农户的土地退出意愿[J],经济与
管理研究,2013(10).

［93］ Blau, & Ducan. American Ocupational structure[M]. *New York: Free
Press*, 1978.

［94］ Lewis G. J. Human Migration[M], *London: Groom Helm* Ltd. 1982.

［95］ Diane M. Masuo, Rosemary Walker, Marilyn M. Furry, Home-based
workers: Worker and work characteristics[J], *Journal of Family and
Economic Issues*, 1992(3).

［96］ O. Stark, The Migration of Labor[M], *Blackwell. Cambridge*, MA,
1990.

［97］ Brandt, Loren, Jikun Huang and Scott Rozelle, Land Rights in Rural
China: Facts[J], Fictions and Issues, *China Journal*, 2002(47).

［98］ Deininger, K. , and Jin S. , Securing Property Rights in Transition:
Lessons from Implementation of China's Rural land Contracting Law[J],
Journal of Economic Behavior and Organization, 2009(70).

［99］ Lent R. Hackent G. Tow and unifying social cognitive theory of career
behavior and performance[J]. *Journal of Vocational Behavior*, 1994,(45).

［100］ De Brauw, A. and Rozelle, S. Migration and household investment in
rural China[J]. *China Economic Review*, 2008(19).

［101］ Sicular, Terry, Ximing Yue, etc, The Urban-Rural Income Gap and
Inequality in China[J], *Review of Income and Wealth*, 2007,53(1).

[102] Adebayo M Shittu, Off-farm labour supply and production efficiency of farm household in rural Southwest Nigeria[J], *Agricultural and Food Economics*, 2014(6).

[103] Bharat P Bhatta⁻ and Torbjørn, Årethun Barriers to rural households' participation in low-skilled off-farm labor markets: theory and empirical results from northern Ethiopia[J], *Springer Plus*, 2013(3).

[104] Abu Muhammad Shajaat Ali, Unemployment in agriculture and opportunities for and contributions of off-farm employment to rural economy: A case study from southwestern Bangladesh[J], *Human Ecology*, 1993(4).

[105] Francis C. Okafor Dr, Environmental Constraints and Part-time Farming in Southeastern Nigeria[J], *Geo Journal*, 1982(6).

[106] Peggy F. Barlett, Linda Lobao, Katherine Meyer, Diversity in attitudes toward farming and patterns of work among farm women: A regional comparison[J], *Agriculture and Human Values*, 1999(16).

[107] Kuo-Liang Chang, George L. Langelett, Health, Health Insurance, and Decision to Exit from Farming[J], *Journal of Family and Economic Issues*, 2011(32).

[108] Adeniyi Gbadegesin, Farming in the urban environment of a developing nation — a case study from Ibadan metropolis in Nigeria[J], *Environmentalist*, 1991(11).

[109] Barbara Smetschka, Veronika Gaube, Juliana Lutz, Working Time of Farm Women and Small-Scale Sustainable Farming in Austria[J], *Ester Boserup's Legacy on Sustainability*, 2014(2).

[110] Patricia J. Wozniak, Kathleen K. Scholl, Employment motivations of farm spouses[J], *Lifestyles*, 1990(8).

[111] Yangfen Chen, Yansui Liu, Keshuai Xu, Characteristics and mechanism of agricultural transformation in typical rural areas of eastern China: A case study of Yucheng City, Shandong Province[J], *Chinese Geographical Science*, 2010(6).

[112] Kohei Okamoto, Ayyoob Sharifi, The Impact of Urbanization on Land Use and the Changing Role of Forests in Vientiane[M], *Integrated*

Studies of Social and Natural Environmental Transition in Laos, 2014:
29 - 38.

[113] Mark D. Partridge, Part-time workers and economic expansion: comparing
the 1980s and 1990s with U. S. state data[J], *Papers in Regional
Science*, 2003(82).

[114] Adell Brown, Ralph D. Christy, Structural changes in U. S. agriculture:
Implications for African American farmers[J], *The Review of Black
Political Economy*, 1994(29).

[115] Corinne Lundström, Susanne Kytzia, Ariane WalzLinking Models of
Land Use, Resources, and Economy to Simulate the Development of
Mountain Regions (ALPSCAPE)[J], *Environmental Management*,
2007(28).

[116] Andrew Butt, Development, Dilution, and Functional Change in the Peri-
Urban Landscape: What Does It Really Mean for Agriculture? [J], *Food
Security in Australia*, 2013(29).

[117] Simbarashe Ndhleve, Lovemore Musemwa, Rural household sources of
income, livelihoods strategies and institutional constraints in different
commodity contexts [J], *Institutional constraints to small
farmer*, 2011(10).

后　记

　　本书系由作者所主持的教育部人文社科基金一般项目（编号：10YJA790016）和国家统计局统计科研重点项目（编号：2011LZ002）的相关研究成果基础上进一步修改而成。

　　当前，新型城镇化作为我国新时期推动区域农村经济社会发展的重要方略，其核心内涵是实现人的城镇化，然而，受历史和现实等多层面因素的影响，即便在经济较发达的长三角地区，依然存在大量"亦工亦农"的兼业农户家庭，显然，推动具备完全非农化转移条件与意愿的兼业农户通过农地流转与迁居城镇途径实现彻底离农化，并最终实现在城镇就业和市民化转型，对于深度推进新型城镇化战略具有十分重要意义。然而，兼业农户的离农化和市民化既是一个宏观层面的农村结构转型过程，更是一种微观层面的农户决策行为，其涉及内部、外部等多层次复杂影响因素。

　　本书围绕适应新时期城镇化发展战略要求促进兼业农户彻底离农化与市民化转型为主要研究目标，侧重基于人力资本视角，运用现代经济理论与方法，构筑了城镇化发展背景下从农户兼业变迁到彻底离农决策进而最终市民化分化发展的不同阶段非农行为演化过程的理论体系框架，提出了"人力资本是支撑农户非农化行为持续正向演化的内在动力"这一核心研究假设，进而运用长三角地区农户实地调研数据进行了实证研究，从而为新时期促进长三角地区非农兼业农户的合理分流、主动彻底离农化及其最终市民化发展提出了一些可供相关部门决策参考的相关战略思路与公共政策。

　　本书的完成,特别要感谢江苏大学公共管理一级学科重要平台的支持;感谢本学科学术带头人——江苏大学管理学院党委书记周绿林教授对本课题的高度关注和指导帮助;感谢江苏省教育厅"青蓝工程"人才项目和江苏大学人文社科出版基金提供部分经费支持。

　　在课题研究过程中,我指导的硕士研究生陈雪春、葛亚赛、毕永魁、徐鑫等也参与了部分实地调研、数据处理和研究工作,在此也一并表示感谢!

　　受种种条件限制,加之本人水平有限,本书难免存在一些疏漏和不足之处,希望能得到学术同仁的批评指正!

陈　浩

2015 年 8 月于镇江三江园

图书在版编目(CIP)数据

离农与分化:城镇化进程中兼业农户行为研究:以长三角地区为例 / 陈浩著. —上海:上海三联书店,2015.11
ISBN 978-7-5426-5372-7

Ⅰ.①离… Ⅱ.①陈… Ⅲ.①长江三角洲-农户-多种经营-研究 Ⅳ.①F327.5

中国版本图书馆 CIP 数据核字(2015)第 256521 号

离农与分化:城镇化进程中兼业农户行为研究
——以长三角地区为例

著　　者 / 陈　浩

责任编辑 / 冯　征
装帧设计 / 徐　徐
监　　制 / 李　敏
责任校对 / 张大伟

出版发行 / 上海三联书店
　　　　　(201199)中国上海市都市路 4855 号 2 座 10 楼
网　　址 / www. sjpc1932.com
邮购电话 / 24175971
印　　刷 / 上海展强印刷有限公司

版　　次 / 2015 年 11 月第 1 版
印　　次 / 2015 年 11 月第 1 次印刷
开　　本 / 890×1240　1/32
字　　数 / 200 千字
印　　张 / 6.375
书　　号 / ISBN 978-7-5426-5372-7/F·726
定　　价 / 32.00 元

敬启读者,如发现本书有印装质量问题,请与印刷厂联系 021-66510725